대입수능
필수영단어
수록!

Quick & Sure Vocabulary Building

12일이면 외울 수 있는

속습영단어
1200

요이치 하라야마 지음 ㅣ 정휘식 옮김

브라운 힐
BrownHillPub

영어단어는 시간 없는 사람이 외울 수 있다!

 공부 방법을 바꾸자!

이 책은 시간이 없는 수험생이나 바쁜 비즈니스맨을 위한 완전히 새로운 [전략적 단어집]입니다. 나는 시간이 부족한 사람이 더 빠르고 효과적인 학습을 할 수 있다고 믿습니다. 아무쪼록 저의 메시지를 읽어 주시기 바랍니다.

먼저 이 책이 생겨난 계기부터 말씀드리겠습니다.

나는 이제까지 10권 이상의 영어 단어 책을 써 왔습니다만 그중에서 가장 성공한 것이 [영어단어속습법]이었습니다. 이 책은 발간한지 3년째가 되는 지금도 매일 100권이라는 경이적인 속도로 팔려나가고 있습니다.

한번은 독자로부터 이런 편지를 받았습니다.

〈이 책 덕분에 영어 공부가 굉장히 발전했습니다. 매우 감사하게 생각하고 있습니다. 그런데 한 가지 바램이 있습니다. 速習(빠른 학습)이라는 생각에는 대찬성입니다만 동시에 눈으로 익힐 수 있는 책을 내줄 수는 없겠습니까?〉 라는 것이 가장 큰 요망사항이었습니다.

바로 이 무렵 저팬 타임즈(Japan Times)의 가사하라 히토꼬(笠原仁子)씨로부터 [영어단어속습법]의 실천판(實踐版) 같은 책을 만들어 보지 않겠냐는 제안을 받았습니다.

그래서 [영어단어속습법]의 실천판으로 만들어 완성된 책이 바로 이 책입니다, 이 책에서는 [영어단어 학습을 철저히 시스템화 한다] 라는 과제에 도전했습니다.

학습에는 전략이 필요하다!

세상에는 단어를 단어로만 따로 외우는 데에 반대하는 사람들이 있습니다. 다시 말하자면 [많은 영문을 읽는 동안에 자연스럽게 몸에 익히는 것이 최상]이라는 생각입니다. 그러나 이런 생각은 어느 정도를 읽으면서 어느 정도를 외울 것인지도 불분명하고, 성과도 또한 개인적인 차이가 있을 것입니다.

시간이 부족한 수험생이나 비즈니스맨들에게 있어서는 상당히 애매한 이야기입니다. 그렇다면 지금의 자신의 목적에 맞는 단어만을 단기적으로 외우는 방법은 없는 것일까요!

나는 이런저런 생각을 하기보다는 기간을 정하여 단어에 집중하는 것이 유리하다고 생각합니다. 그 기간이 지나고 나서 읽고 싶은 책을 읽어도 늦지 않겠지요.

학습에는 전략이 필요한 것입니다.

이 책에는 성인 영어를 읽고 쓰는데 핵심이 되는 단어가 많이 실려 있습니다. 이런 단어를 사전에서 찾지 않게 되는 것만으로도 영문을 읽는 속도가 현저히 빨라집니다. 시간과 에너지를 어느 타이밍에 어디에 적절히 투자할 것인지 하는 것을 현명하게 생각하여 봅시다.

다른 책에서 언급하였습니다만 나는 대학생 때 1개월에 6000개의 독일어 단어를 외웠던 경험이 있습니다. 그랬더니 신문이나 잡지를 거의 사전 없이 읽을 수 있게 되었습니다.

정말 더없이 기분 좋은 이야기입니다.

15일 동안이라고 정했다면 그 동안은 단어에만 집중하십시오. 이 책을 항상 지니고 다니면서 빈틈을 찾아서 체크하기를 되풀이 하십시오. 항상 몇 번이고 반복해서 보세요. [눈으로 외우는 단어집]으로 활용할 수도 있습니다.

종래의 공부 80%는 시간 낭비였다!

또 하나의 에피소드를 소개 하겠습니다.

이번은 내가 대학 수험생을 지도하고 있을 때의 이야기입니다. 내가 작성한 [영어단어속습법]을 권하자, 이렇게 대답하는 학생이 있었습니다.

"저는 단어는 괜찮습니다. [영어단어 target 1900]을 세 번이나 읽었으니까!"

그래서 나의 soft를 사용하여 그가 외우고 있는 단어를 조사해 보니 어찌된 일인지 겨우 300단어밖에 정확하게 알고 있지 않은 것이었습니다. 〈외우고 있는 단어〉는 〈공부한 단어〉의 6분의 1에도 못 미쳤던 것입니다.

지금도 그의 낙담한 얼굴이 떠오릅니다. 이처럼 "외우고 있는 셈치는 단어"와 실제로 〈외우고 있는 단어〉에는 큰 차이가 있는 것이 통례입니다. 이 학생의 경우 단어 학습이 실제로는 80%가 시간 낭비였던 것입니다. 나는 공부하는 시간이 충분한 사람보다 시간이 부족한 사람 쪽이 오히려 단어는 빨리 외울 수 있다고 생각합니다.

시간이 없는 사람은 시간을 낭비할 수 없는 사람입니다.

나는 이런 분들을 위하여 이 책을 만들었습니다. 가장 적은 시간으로 외울 수 있고 더구나 잊혀지지 않는 [최강의 速習 프로그램]을 제공하여 드리고 싶습니다.

 ## 공부만큼 이익이 되는 일은 없다!

계속해서 또 하나의 이야기를 해두지요.

[공부는 일(업무)과 달라서 돈도 되지 않습니다. 노력만 많이 들이고 허무한 생각이 든다]라고 생각하는 사람이 있습니다.

당신은 어떻습니까? 공부에 관해서도 좀더 현명하게 생각해 보시지 않겠습니까?

좋아하는 대학에 들어가서 좋아하는 공부를 한다. 그리고 자신이 하고 싶은 일을 충분히 하고 정당한 보수를 받는다. 또는 필요한 자격을 얻어 상위 직급에 도전한다.

적은 노력이 결과를 바꾼다는 것이 인생의 이치입니다. 분명히 말해서 생애 전체 수입에 있어서 10억 원 정도의 차이는 따라 옵니다.

현실의 세상은 실력주의의 시대입니다.

생각해 보세요. 1000시간의 공부 끝에 생애 수입으로 10억 원의 차이가 따른다고 가정하여 보면 1시간당 실제로 100만 원을 벌 수 있는 것입니다. 놀랍지 않습니까?

실제로 공부만큼 이익이 되는 일은 없습니다. 그러므로 이것저것 망설이지 말고 이제부터 15일 동안 저의 페이스에 따라 오십시오.

이 책에 수록된 단어는 1200 단어이지만 센터시험이나 대학입시에 자주 나오는 단어를 뽑고 뽑아 두었습니다.

최초 400 단어를 익히는 것만으로도 센터시험의 장문의 글을 놀라울 정도로 잘 읽을 수 있게 됩니다. 단 400 단어입니다.

거짓이라고 생각한다면 58~59페이지의 [경이의 실증데이터 1]을 보십시오. 800 단어까지 진척이 되면 거의 대학입시를 읽을 수 있게 됩니다. (또, 118~119페이지의 [경이의 실증 데이터 2]를 보십시오)

1200 단어까지 마스터하면 평생 단어로 고생할 일은 없어질 것입니다. (178~179페이지 [경이의 실증 데이터 3]에서 확인하여 주십시오.) 또 책의 끝머리에는 [TOEIC 테스트 필수단어 200 체크리스트]를 준비하였습니다.

TOEIC 테스트에서 600점을 겨냥하고 있는 사람은 이 200단어라도 충분히 학습하십시오.

내 판단으로는 700점 이상을 겨냥하는 사람의 전문적인 단어학습에도 이 200 단어를 확실히 공부해두면 충분하다고 생각합니다.

잊을 틈을 주지 않으면 잊지 않는다!

그러면 다음으로 이 책이 내세우는 [속습시스템]의 설명으로 들어가겠습니다.

[영어단어속습법]에서 내가 주장했던 것은 〈잊을 틈을 주지 않으면 잊지 않는다.〉라는 단순한 원리였습니다.

이 한 문장을 보고 〈이제까지 자신의 학습법은 잘못됐다〉고 깨닫는 분이 많이 있었습니다. 잊어버리기 때문에 한다는 비효율적인 학습은 이제 그만 둡시다. 一進一退의 〈잊혀지므로 체크〉를 아무리 반복하더라도 영원히 기억할 수는 없습니다.

〈잊을 틈을 주지 않으면 잊지 않는다.〉라는 단순원리를 철저히 틀로 삼는 것이 이 책입니다. 그러면 여기서 이 책의 [速쩝시스템]을 사용하여 실제 시험을 해보도록 하겠습니다.

어떤 설명보다도 그 편이 빠르다고 생각합니다.

이 책은 12개의 단계로 구성되어 있습니다.

1단계로 취급하는 단어는 100 단어입니다. 하루 한 단계씩 학습을 진행하면 12일 동안 1200단어를 마스터할 수 있습니다.

각 단계는 [A~D 4 단계 STEP]으로 되어 있습니다. 그냥 단어가 나열되어 있는 것뿐인 단어집과는 달리 이 책에서는 4단계 구성으로 단어를 공략하고 있습니다. 그러면 바로 5개의 단어뿐인 이 책의 시스템을 예비 체험하기로 하겠습니다.

이 5개의 단어는 모두 DAY 3에서 뽑았습니다.

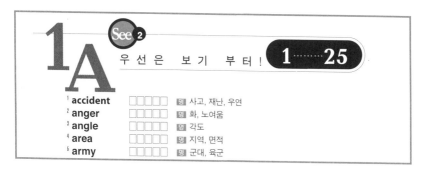

우선 1번째로 말의 뜻을 모르는 단어를 체크합니다.

체크란은 5회분 준비되어 있습니다만 대부분의 단어는 3번째 정도까지만 사용하리라 생각됩니다.

이것은 단어 입력게임입니다. 2번째, 3번째는 틀린 단어에 집중하여 실행하면 이미 완전히 외워 버립니다.

[A]로 외웠던 단어를 품사와 같이 퀴즈 형식으로 확인 하겠습니다. 왼쪽의 단어와 오른쪽의 말의 뜻을 선으로 연결하세요. 이제 간단하죠! 답은 1-D, 2-E, 3-B, 4-A, 5-C입니다.

[B]의 마지막 페이지에는 도전 퀴즈라는 제목으로 좀 수준 높은 선택(option)퀴즈 코너도 있습니다.

1C

당신은 이제 문장을
읽을 수 있다!

1········25

¹ **Accidents will happen.** — 사고는 생기기 마련

² **His anger reached its peak.** — 그의 화는 정점에 다다랐다.

³ **a right angle** — 직각

⁴ **the downtown area of Chicago** — 시카고의 도심지역

⁵ **lead an army to victory** — 군대를 승리로 이끌다

[C]의 예는 가능한 이 단계의 새로 나온 단어를 사용하여 만들어 졌습니다. 위의 sample에는 밑줄 친 prove, improve, knowledge, acquire, increase, human도 이 단계의 target(목표) 단어입니다. 이렇게 해서 예를 통하여 target 단어를 몇 번이라도 되풀이해서 만나게 될 것입니다.

1D

마 무 리 체 크

1········100

¹ ☐ tax	²⁶ ☐ battle	⁵¹ ☐ control	⁷⁶ ☐ accident
² ☐ area	²⁷ ☐ bottom	⁵² ☐ essence	⁷⁷ ☐ downtown
³ ☐ army	²⁸ ☐ choice	⁵³ ☐ foreign	⁷⁸ ☐ electric
⁴ ☐ diet	²⁹ ☐ decide	⁵⁴ ☐ journey	⁷⁹ ☐ exercise

최종 확인용 단어 리스트입니다. 여기서는 단어를 철자가 짧은 순서대로 배열하였습니다. 배열순서가 틀리면 새롭게 눈으로 확인할 수 있습니다. 철자가 짧은 순서로 배열한 것은 철자의 확인 뿐 아니라 철자와 발음의 관계에 주의를 주기 위한 것입니다. 이 [마무리 체크]는 시간을 두고 몇 번이라도 읽어 주세요.

이것은 이 책에서 제공하는 [속습시스템]의 흐름입니다.

보신대로 파상적으로 다그치듯이 학습하도록 되어 있습니다. 다음은 이 궤도를 타고 게임이라도 하는 느낌으로 학습을 진행합니다.

이 책은 말하자면 [단어기억게임] 책입니다. 앞에 쓴 것처럼 끝까지 읽기만 하는 단어 학습은 몇 번을 반복해도 목표에 도달할 수 없습니다.

그러나 이 책을 사용하면 100 단어씩 빌딩을 쌓듯이 착실하게 어휘(vocabulary)를 늘려갈 수 있습니다.

마지막으로 1200 단어의 레벨(level) 분류를 확인하여 둡시다.

001~400	센터시험 수준
401~800	대학입시 빈출 수준
801~1200	대학입시 필수 수준
부록	TOEIC 테스트 필수 단어 200

부록의 [TOEIC 테스터 필수 단어 200]은 [A]부분만 체크리스트입니다. 본문의 1200단어와 같은 빈도순으로 나열되어 있습니다.

본문의 [A]와 같은 요령으로 25단어씩 학습하십시오.

영어와 한국어 양쪽이 수록되어 있으므로 통학이나 통근 중에도 외울 수가 있습니다. 휴식시간(relax time)에 보는 것으로도 효과가 있습니다. 이 책에는 원칙으로서의 발음기호는 붙어 있지 않습니다. 그것은 발음기호를 정확하게 읽어낼 수 있는 사람이 줄고 있기 때문입니다. 그렇다고 해서 한글발음으로 표시한다는 것은 듣기(listening)에 도움이 되지 않습니다.

책 마지막에는 본문 1200단어 + TOEIC 필수 200 단어인 [종합색인]을 붙여 놓았으니 같이 활용하십시오. 그러면 이 책을 사용하여 짧은 시간에 평생 사용할 수 있는 단어력을 익히시기 바랍니다.

그리고 읽기나 듣기로 그 효과를 확인하세요.

(2006년 8월 1일 晴山陽一)

● 저자 머리말

英영어 단어는 시간 없는 사람도
외울 수 있다! ···ii

고교 기본단어 400

수능 빈출 단어 400

수능 필수 단어 400

accident	except	negative	shade
anger	exercise	normal	shadow
angle	export	original	shape
area	force	parallel	signal
army	foreign	penalty	single
atomic	frontier	perfect	smart
automatic	furniture	period	soldier
battle	global	planet	stream
bottom	goods	pleasure	summit
challenge	happen	president	support
cheap	import	promote	tax
choice	item	propose	telegram
committee	jewel	protect	telegraph
company	journey	rapid	tool
continent	kingdom	receive	touch
control	liquid	resist	tourist
cycle	mankind	role	trial
decide	maximum	root	triangle
department	memory	royal	trouble
diet	merchant	satellite	university
downtown	mineral	scale	vegetable
electric	minimum	scientific	victory
equal	monument	secret	visible
escape	mystery	select	weather
essence	natural	service	wisdom

¹ **accident**	☐☐☐☐☐	명 사고, 재난, 우연	
² **anger**	☐☐☐☐☐	명 화, 노여움	
³ **angle**	☐☐☐☐☐	명 각도	
⁴ **area**	☐☐☐☐☐	명 지역, 면적	
⁵ **army**	☐☐☐☐☐	명 군대, 육군	
⁶ **atomic**	☐☐☐☐☐	형 원자의, 원자력의	
⁷ **automatic**	☐☐☐☐☐	형 자동적인, 자동식의	
⁸ **battle**	☐☐☐☐☐	명 전투, 싸움	
⁹ **bottom**	☐☐☐☐☐	명 밑, 바닥, 기초	
¹⁰ **challenge**	☐☐☐☐☐	동 도전하다 명 도전	
¹¹ **cheap**	☐☐☐☐☐	형 싼, 저가의	
¹² **choice**	☐☐☐☐☐	명 선택, 선정	
¹³ **committee**	☐☐☐☐☐	명 위원회, 위원	
¹⁴ **company**	☐☐☐☐☐	명 회사, 동료, 동석	
¹⁵ **continent**	☐☐☐☐☐	명 대륙	
¹⁶ **control**	☐☐☐☐☐	동 지배하다, 조정하다 명 지배, 통제	
¹⁷ **cycle**	☐☐☐☐☐	명 주기, 환경	
¹⁸ **decide**	☐☐☐☐☐	동 결심하다, 결정하다	
¹⁹ **department**	☐☐☐☐☐	명 부서, 부문	
²⁰ **diet**	☐☐☐☐☐	명 규정식, 식이요법 동 식이요법을 하다	
²¹ **downtown**	☐☐☐☐☐	명 중심가, 도심	
²² **electric**	☐☐☐☐☐	형 전기의, 전동의	
²³ **equal**	☐☐☐☐☐	형 동등한, 평등한	
²⁴ **escape**	☐☐☐☐☐	동 탈출하다, 도망가다 명 탈출, 도망	
²⁵ **essence**	☐☐☐☐☐	명 본질, 정수, 진수	

★몰랐던 단어에 체크해 주세요

몇회차 만에 25단어가 외어지는지
체크해 주세요

1회차	2회차	3회차	4회차	5회차
/25	/25	/25	/25	/25

26 **except**	⬜⬜⬜⬜⬜	전	제외하고, ~ 외에는
27 **exercise**	⬜⬜⬜⬜⬜	명 연습, 운동 동	연습하다, 운동하다
28 **export**	⬜⬜⬜⬜⬜	동 수출하다 명	수출, 수출품
29 **force**	⬜⬜⬜⬜⬜	명 힘. 영향력 동	강제하다
30 **foreign**	⬜⬜⬜⬜⬜	형	외국의, 이질의
31 **frontier**	⬜⬜⬜⬜⬜	명	국경, 변경
32 **furniture**	⬜⬜⬜⬜⬜	명	가구, 비품
33 **global**	⬜⬜⬜⬜⬜	형	지구상의, 세계적인
34 **goods**	⬜⬜⬜⬜⬜	명	상품, 물건
35 **happen**	⬜⬜⬜⬜⬜	동	일어나다, 발생하다
36 **import**	⬜⬜⬜⬜⬜	동 수입하다 명	수입, 수입품
37 **item**	⬜⬜⬜⬜⬜	명	항목, 품목
38 **jewel**	⬜⬜⬜⬜⬜	명	보석
39 **journey**	⬜⬜⬜⬜⬜	명	여행
40 **kingdom**	⬜⬜⬜⬜⬜	명	왕국, 영역, 계(界)
41 **liquid**	⬜⬜⬜⬜⬜	명 액체 형	액체의, 유동체의
42 **mankind**	⬜⬜⬜⬜⬜	명	인류, 인간
43 **maximum**	⬜⬜⬜⬜⬜	명 최대한, 최대 형	최대한의
44 **memory**	⬜⬜⬜⬜⬜	명	기억, 회상
45 **merchant**	⬜⬜⬜⬜⬜	명	상인, 무역상인
46 **mineral**	⬜⬜⬜⬜⬜	명 광물 형	광물의
47 **minimum**	⬜⬜⬜⬜⬜	명 최소한, 최소 형	소한의
48 **monument**	⬜⬜⬜⬜⬜	명	기념비, 기념물, 불후의 업적
49 **mystery**	⬜⬜⬜⬜⬜	명	비밀, 신비, 수수께끼
50 **natural**	⬜⬜⬜⬜⬜	형	자연의, 당연한, 타고난

★몰랐던 단어에 체크해 주세요

1회차	2회차	3회차	4회차	5회차
/25	/25	/25	/25	/25

⁵¹ **negative**	☐☐☐☐☐	형	부정적인, 소극적인
⁵² **normal**	☐☐☐☐☐	형	보통의, 정상의, 표준의
⁵³ **original**	☐☐☐☐☐	형	최초의, 독창적인 명 원형, 원작
⁵⁴ **parallel**	☐☐☐☐☐	형	평행의 명 평행선
⁵⁵ **penalty**	☐☐☐☐☐	명	형벌, 벌금
⁵⁶ **perfect**	☐☐☐☐☐	형	완전한, 완벽한
⁵⁷ **period**	☐☐☐☐☐	명	기간, 시기, 시대
⁵⁸ **planet**	☐☐☐☐☐	명	행성
⁵⁹ **pleasure**	☐☐☐☐☐	명	기쁨, 즐거움
⁶⁰ **president**	☐☐☐☐☐	명	대통령, 사장
⁶¹ **promote**	☐☐☐☐☐	동	촉진하다, 승진하다
⁶² **propose**	☐☐☐☐☐	동	제안하다, 결혼을 청하다
⁶³ **protect**	☐☐☐☐☐	동	보호하다, 지키다
⁶⁴ **rapid**	☐☐☐☐☐	형	빠른, 신속한
⁶⁵ **receive**	☐☐☐☐☐	동	받다, 수용하다
⁶⁶ **resist**	☐☐☐☐☐	동	저항하다, 견디다
⁶⁷ **role**	☐☐☐☐☐	명	역할, 임무
⁶⁸ **root**	☐☐☐☐☐	명	뿌리, 근원
⁶⁹ **royal**	☐☐☐☐☐	형	국왕의, 왕실의
⁷⁰ **satellite**	☐☐☐☐☐	명	위성, 인공위성
⁷¹ **scale**	☐☐☐☐☐	명	규모, 단계, 저울, 비늘
⁷² **scientific**	☐☐☐☐☐	형	과학적인, 과학의
⁷³ **secret**	☐☐☐☐☐	명	비밀, 비결 형 비밀의
⁷⁴ **select**	☐☐☐☐☐	동	고르다, 선택하다 형 가려낸
⁷⁵ **service**	☐☐☐☐☐	명	봉사, 공공사업

★몰랐던 단어에 체크해 주세요

몇회차 만에 25단어가 외어지는지
체크해 주세요

1회차	2회차	3회차	4회차	5회차
/25	/25	/25	/25	/25

[76] **shade**	☐☐☐☐☐	명 그늘, 음지
[77] **shadow**	☐☐☐☐☐	명 그림자
[78] **shape**	☐☐☐☐☐	명 모양, 형태 동 형성하다
[79] **signal**	☐☐☐☐☐	명 신호, 암호 동 신호를 보내다
[80] **single**	☐☐☐☐☐	형 하나의, 독신의 명 독신자
[81] **smart**	☐☐☐☐☐	형 영리한, 재빠른
[82] **soldier**	☐☐☐☐☐	명 군인, 병사
[83] **stream**	☐☐☐☐☐	명 흐름, 시내
[84] **summit**	☐☐☐☐☐	명 꼭대기, 정상, 수뇌회담
[85] **support**	☐☐☐☐☐	동 지지하다, 지원하다, 양육하다 명 지지
[86] **tax**	☐☐☐☐☐	명 세금, 세
[87] **telegram**	☐☐☐☐☐	명 전보
[88] **telegraph**	☐☐☐☐☐	명 전신, 전보
[89] **tool**	☐☐☐☐☐	명 기구, 공구
[90] **touch**	☐☐☐☐☐	동 접촉하다, 손을 대다 명 손댐
[91] **tourist**	☐☐☐☐☐	명 관광객
[92] **trial**	☐☐☐☐☐	명 시도, 시험, 재판
[93] **triangle**	☐☐☐☐☐	명 삼각형
[94] **trouble**	☐☐☐☐☐	명 불편, 문제, 걱정거리 동 성가시게 하다
[95] **university**	☐☐☐☐☐	명 종합대학, 대학교
[96] **vegetable**	☐☐☐☐☐	명 야채, 식물
[97] **victory**	☐☐☐☐☐	명 승리, 우승
[98] **visible**	☐☐☐☐☐	형 눈에 보이는, 명백한
[99] **weather**	☐☐☐☐☐	명 날씨, 기후
[100] **wisdom**	☐☐☐☐☐	명 지혜, 현명

★몰랐던 단어에 체크해 주세요

1회차	2회차	3회차	4회차	5회차
/25	/25	/25	/25	/25

1 형용사편

atomic ❶	ⓐ 전기의, 전동의
automatic ❷	ⓑ 자연의, 당연한, 타고난
electric ❸	ⓒ 빠른, 신속한
global ❹	ⓓ 액체/액체의, 유동체의
liquid ❺	ⓔ 원자의, 원자력의
natural ❻	ⓕ 눈에 보이는, 명백한
parallel ❼	ⓖ 자동적인, 자동식의
rapid ❽	ⓗ 과학적인, 과학의
scientific ❾	ⓘ 평행의/평행선
visible ❿	ⓙ 지구상의, 세계적인

2 형용사편

cheap ❶	ⓐ 외국의, 이질의
equal ❷	ⓑ 국왕의, 왕실의
foreign ❸	ⓒ 싼, 저가의
negative ❹	ⓓ 완전한, 완벽한
normal ❺	ⓔ 보통의, 정상의, 표준의
original ❻	ⓕ 부정적인, 소극적인
perfect ❼	ⓖ 영리한, 재빠른
royal ❽	ⓗ 하나의, 독신의/독신자
single ❾	ⓘ 동등한, 평등한
smart ❿	ⓙ 최초의, 독창적인/원형, 원작

3 동사편

control ❶	ⓐ 수출하다/수출, 수출품
decide ❷	ⓑ 지배하다, 조정하다/지배, 통제
exercise ❸	ⓒ 보호하다, 지키다
export ❹	ⓓ 고르다, 선택하다/가려낸
force ❺	ⓔ 결심하다, 결정하다
import ❻	ⓕ 촉진하다, 승진하다
promote ❼	ⓖ 힘. 영향력/강제하다
protect ❽	ⓗ 지원하다, 양육하다/지지
select ❾	ⓘ 수입하다/수입, 수입품
support ❿	ⓙ 연습, 운동/연습하다, 운동하다

❶1-e 2-g 3-a 4-j 5-d 6-b 7-i 8-c 9-h 10-f ❷1-c 2-i 3-a 4-f 5-e 6-j 7-d 8-b 9-h 10-g
❸1-b 2-e 3-j 4-a 5-g 6-i 7-f 8-c 9-d 10-h

4 동사편

challenge ❶	ⓐ 식이요법/식이요법을 하다
diet ❷	ⓑ 받다, 수용하다
escape ❸	ⓒ 모양, 형태/형성하다
happen ❹	ⓓ 탈출하다, 도망가다/도망
propose ❺	ⓔ 저항하다, 견디다
receive ❻	ⓕ 문제, 걱정거리/성가시게 하다
resist ❼	ⓖ 도전하다/도전
shape ❽	ⓗ 접촉하다, 손을 대다/손댐
touch ❾	ⓘ 일어나다, 발생하다
trouble ❿	ⓙ 제안하다, 결혼을 청하다

5 명사편

army ❶	ⓐ 위원회, 위원
committee ❷	ⓑ 대통령, 사장
company ❸	ⓒ 군대, 육군
department ❹	ⓓ 종합대학, 대학교
kingdom ❺	ⓔ 부서, 부문
merchant ❻	ⓕ 관광객
president ❼	ⓖ 회사, 동료, 동석
soldier ❽	ⓗ 상인, 무역상인
tourist ❾	ⓘ 군인, 병사
university ❿	ⓙ 왕국, 영역, 계(界)

6 명사편

furniture ❶	ⓐ 위성, 인공위성
jewel ❷	ⓑ 광물/광물의
mineral ❸	ⓒ 기구, 공구
planet ❹	ⓓ 전보
satellite ❺	ⓔ 가구, 비품
signal ❻	ⓕ 전신, 전보
telegram ❼	ⓖ 행성
telegraph ❽	ⓗ 야채, 식물
tool ❾	ⓘ 보석
vegetable ❿	ⓙ 신호, 암호/신호를 보내다

❹1-g 2-a 3-d 4-i 5-j 6-b 7-e 8-c 9-h 10-f ❺1-c 2-a 3-g 4-e 5-j 6-h 7-b 8-i 9-f 10-d
❻1-e 2-i 3-b 4-g 5-a 6-j 7-d 8-f 9-c 10-h

❼ 명사편

angle ❶	ⓐ 최대한, 최대/최대한의
area ❷	ⓑ 밑, 바닥, 기초
bottom ❸	ⓒ 항목, 품목
cycle ❹	ⓓ 삼각형
item ❺	ⓔ 기간, 시기, 시대
maximum ❻	ⓕ 각도
minimum ❼	ⓖ 뿌리, 근원
period ❽	ⓗ 지역, 면적
root ❾	ⓘ 최소한, 최소/최소한의
triangle ❿	ⓙ 주기, 환경

❽ 명사편

anger ❶	ⓐ 선택, 선정
choice ❷	ⓑ 세금, 세
memory ❸	ⓒ 역할, 임무
pleasure ❹	ⓓ 승리, 우승
role ❺	ⓔ 기억, 회상
service ❻	ⓕ 시도, 시험, 재판
tax ❼	ⓖ 지혜, 현명
trial ❽	ⓗ 봉사, 공공사업
victory ❾	ⓘ 화, 노여움
wisdom ❿	ⓙ 기쁨, 즐거움

❾ 명사편

accident ❶	ⓐ 대륙
battle ❷	ⓑ 인류, 인간
continent ❸	ⓒ 국경, 변경
downtown ❹	ⓓ 꼭대기, 정상, 수뇌회담
frontier ❺	ⓔ 사고, 재난, 우연
journey ❻	ⓕ 기념비, 기념물, 불후의 업적
mankind ❼	ⓖ 중심가, 도심
monument ❽	ⓗ 날씨, 기후
summit ❾	ⓘ 전투, 싸움
weather ❿	ⓙ 여행

❼1-f 2-h 3-b 4-j 5-c 6-a 7-i 8-e 9-g 10-d　❽1-i 2-a 3-e 4-j 5-c 6-h 7-b 8-f 9-d 10-g
❾1-e 2-i 3-a 4-g 5-c 6-j 7-b 8-f 9-d 10-h

10 명사etc

essence ❶	ⓐ 비밀, 신비, 수수께끼
except ❷	ⓑ 그림자
goods ❸	ⓒ 본질, 정수, 진수
mystery ❹	ⓓ 규모, 단계, 저울, 비늘
penalty ❺	ⓔ 상품, 물건
scale ❻	ⓕ 흐름, 시내
secret ❼	ⓖ 비밀, 비결/비밀의
shade ❽	ⓗ 제외하고, ~ 외에는
shadow ❾	ⓘ 그늘, 음지
stream ❿	ⓙ 형벌, 벌금

챌린지 퀴즈
Challenge Quiz

다음의 단어의 설명으로서 적당한 것을 아래로부터 선택해 주세요.

☐ accident (   ) ☐ period   (   ) ☐ satellite (   )
☐ battle   (   ) ☐ planet   (   ) ☐ telegram (   )
☐ company (   ) ☐ president(   ) ☐ university(   )

☐ a large, round thing in space that moves around the sun

☐ a group of people that works to make or sell things

☐ a thing in space that moves around a planet

☐ a place where some people go to study when they have left high school

☐ something bad that happens by chance

☐ the leader in many countries that do not have a king or queen

☐ a message that you send very quickly by radio waves or electric wires

☐ a fight between armies

☐ a certain time in the life of a person or the history of a country

---

❿1-c 2-h 3-e 4-a 5-j 6-d 7-g 8-i 9-b 10-f
【챌린지 퀴즈】 1-e 2-h 3-b 4-i 5-a 6-f 7-c 8-g 9-d

1 **Accidents will happen.**	사고는 생기기 마련
2 **His anger reached its peak.**	그의 화는 정점에 다다랐다.
3 **a right angle**	직각
4 **the downtown area of Chicago**	시카고의 도심지역
5 **lead an army to victory**	군대를 승리로 이끌다
6 **an atomic power station**	원자력발전소
7 **an automatic dishwasher**	자동 식기세척기
8 **a street battle**	시가전
9 **a box with a double bottom**	이중바닥 상자
10 **a job with more of a challenge**	더 많은 도전이 있는 일
11 **win a cheap victory**	쉽게 승리하다
12 **No choice was left to them.**	그들에게 선택의 여지가 없었다.
13 **a standing committee**	상임위원회
14 **an export company**	수출회사
15 **the New Continent**	신대륙
16 **thought control**	사상 통제
17 **the cycle of the seasons**	계절의 순환
18 **He decided to become a merchant.**	그는 상인이 되기로 결심했다.
19 **a sales department**	영업부
20 **diet for beauty**	미용을 위해 식사를 조절하다
21 **go downtown**	번화가로 가다
22 **the supply of electric power**	전력 공급
23 **equal protection of the laws**	법의 평등한 보호
24 **Gas is escaping from the pipe.**	가스가 파이프에서 새고 있다.
25 **Health is the essence of happiness.**	건강은 행복의 필수 요소이다.

26 **Everybody was late except her.** 그녀만 빼고 모두 지각했다.

27 **Swimming is good exercise.** 수영은 좋은 운동이다.

28 **export goods to a foreign country** 외국에 상품을 수출하다

29 **I was forced to sign the letter.** 나는 어쩔 수없이 그 편지에 서명했다.

30 **a foreign body in the eye** 눈 속에 들어간 이물질

31 **cross the frontier into Mexico** 국경을 넘어 멕시코로 가다

32 **imported furniture** 수입 가구

33 **global warming** 지구 온난화

34 **cheap goods** 싼 물건

35 **The accident happened yesterday.** 그 사고는 어제 일어났다.

36 **a tax on imports** 수입세

37 **furniture items** 가구류

38 **a watch of 21 jewels** 21석 시계

39 **make a rapid journey through Asia** 신속하게 아시아를 여행하다.

40 **the wonders of the natural kingdom** 자연계의 경이로움

41 **a liquid diet** 유동식

42 **love for mankind** 인류애

43 **the maximum speed of this car** 이 차의 최고속도

44 **read-only memory** 출력전용 메모리 (ROM)

45 **a jewel merchant** 보석상

46 **the mineral kingdom** 광물계

47 **the minimum wage** 최저임금

48 **a natural monument** 천연기념물

49 **the mysteries of life** 생명의 신비

50 **It was natural for him to escape.** 그가 도망가는 것은 당연하다.

51	give a negative answer	부정적인 대답을 하다
52	He was perfectly normal.	그는 완전히 정상이었다.
53	original ideas	독창적인 아이디어
54	parallel lines	평행선
55	the maximum penalty under the law	현행법 안에서 최고형량
56	Nobody's perfect.	완전한 사람은 없다.
57	periods of cool weather	날씨가 추운 시기
58	The planets move around the sun.	행성들은 태양 주위를 돈다.
59	a pleasure boat	유람선
60	receive a letter from the President	대통령에게서 편지를 받다
61	He was promoted to manager.	그는 관리자로 승진했다.
62	I proposed a one-hour break.	나는 한 시간의 휴식을 제안했다.
63	The helmet protected his head.	헬멧이 그의 머리를 보호했다.
64	a rapid stream	급류
65	receive a telegram	전보를 받다
66	I cannot resist sweets.	나는 단 것을 먹지 않을 수 없다.
67	play the leading role	주인공역을 하다
68	the root of a hair	모근
69	the Royal Army	영국 육군
70	The moon is a satellite of the earth.	달은 지구의 위성이다.
71	a tax scale	세율
72	scientific books	자연과학 서적들
73	an open secret	공공연한 비밀
74	select a university	대학을 선택하다
75	cable TV service	유선방송 사업

76 **the shade of a tree** — 나무 그늘

77 **the shadow of a tree** — 나무 그림자

78 **What shape is Italy?** — 이탈리아가 어떻게 생겼지?

79 **a stop signal** — 정지 신호

80 **a single parent** — 편부모

81 **The boy looks smart.** — 그 아이는 똑똑해보인다.

82 **the tomb of the Unknown Soldier** — 무명병사의 묘

83 **the stream of time** — 시류, 시대의 풍조

84 **a world summit** — 세계정상회의

85 **He supports a large family.** — 그는 대가족을 부양하고 있다.

86 **a food and drink tax** — 식음료세

87 **a business telegram** — 상업전보

88 **a telegraph pole** — 전신주

89 **a set of tools** — 공구세트

90 **Their kindness touched me.** — 그들의 친절이 나를 감동시켰다.

91 **foreign tourists** — 외국인 관광객

92 **learn by trial and error** — 시행착오를 통해 배우다

93 **draw a triangle with a 90° angle** — 직각삼각형을 그리다

94 **What's troubling you?** — 무슨 문제가 있니?

95 **a university for women** — 여자대학

96 **Fresh vegetables promote health.** — 신선한 야채는 건강을 증진시킨다.

97 **the victory of man over nature** — 자연에 대한 인간의 승리

98 **a visible ray** — 가시광선

99 **a weather map** — 기후도

100 **the received wisdom** — 널리 전해지는 지혜

1. tax
2. area
3. army
4. diet
5. item
6. role
7. root
8. tool
9. anger
10. angle
11. cheap
12. cycle
13. equal
14. force
15. goods
16. jewel
17. rapid
18. royal
19. scale
20. shade
21. shape
22. smart
23. touch
24. trial
25. atomic

26. battle
27. bottom
28. choice
29. decide
30. escape
31. except
32. export
33. global
34. happen
35. import
36. liquid
37. memory
38. normal
39. period
40. planet
41. resist
42. secret
43. select
44. shadow
45. signal
46. single
47. stream
48. summit
49. wisdom
50. company

51. control
52. essence
53. foreign
54. journey
55. kingdom
56. mankind
57. maximum
58. mineral
59. minimum
60. mystery
61. natural
62. penalty
63. perfect
64. promote
65. propose
66. protect
67. receive
68. service
69. soldier
70. support
71. tourist
72. trouble
73. victory
74. visible
75. weather

76. accident
77. downtown
78. electric
79. exercise
80. frontier
81. merchant
82. monument
83. negative
84. original
85. parallel
86. pleasure
87. telegram
88. triangle
89. automatic
90. challenge
91. committee
92. continent
93. furniture
94. president
95. satellite
96. telegraph
97. vegetable
98. department
99. scientific
100. university

101····200

abstract	congratulate	graduate	plenty
academic	congress	guilty	proud
alive	contrast	hardship	regular
anyway	credit	harm	republic
athletic	cure	horrible	selfish
automobile	departure	household	senior
award	destroy	instruct	sightseeing
battery	detective	instrument	solar
being	director	judge	spare
belong	disaster	justice	spoil
beyond	discuss	liberty	stomach
bind	elect	maybe	summary
board	entrance	merely	target
bundle	eternal	minister	task
calm	executive	mission	thick
cancer	favorite	moderate	toward
capital	flat	modern	traffic
cell	flexible	negotiation	treatment
central	flight	neutral	trivial
ceremony	float	official	ugly
certainly	flood	operate	underground
classic	forever	optimist	valuable
comment	fortune	overseas	volcano
composition	forward	paragraph	within
conference	gradually	physics	wonder

¹ **abstract**	☐☐☐☐☐	형 추상적인 명 추상
² **academic**	☐☐☐☐☐	형 학문의, 학교의
³ **alive**	☐☐☐☐☐	형 살아있는, 활발한
⁴ **anyway**	☐☐☐☐☐	부 어쨌든, 어차피
⁵ **athletic**	☐☐☐☐☐	형 운동경기의, 체육의
⁶ **automobile**	☐☐☐☐☐	명 자동차
⁷ **award**	☐☐☐☐☐	명 상, 상품 동 상을 주다
⁸ **battery**	☐☐☐☐☐	명 전지
⁹ **being**	☐☐☐☐☐	명 존재, 생존
¹⁰ **belong**	☐☐☐☐☐	동 속하다, ~의 소유물이다
¹¹ **beyond**	☐☐☐☐☐	전 ~의 저쪽에, ~을 넘어서
¹² **bind**	☐☐☐☐☐	동 묶다, 매다
¹³ **board**	☐☐☐☐☐	명 판, 게시판, 위원회 동 (배, 비행기, 기차에) 타다
¹⁴ **bundle**	☐☐☐☐☐	명 묶음, 꾸러미 동 묶다, 짐을 꾸리다
¹⁵ **calm**	☐☐☐☐☐	형 고요한, 평온한 동 달래다 명 고요, 평온
¹⁶ **cancer**	☐☐☐☐☐	명 암, 악성 종양
¹⁷ **capital**	☐☐☐☐☐	명 수도, 대문자, 자본 형 주요한, 대문자의
¹⁸ **cell**	☐☐☐☐☐	명 세포, 전지, 독방
¹⁹ **central**	☐☐☐☐☐	형 중앙의, 중심의
²⁰ **ceremony**	☐☐☐☐☐	명 의식, 행사
²¹ **certainly**	☐☐☐☐☐	부 확실히, 틀림없이
²² **classic**	☐☐☐☐☐	형 고전의 명 고전작품, 일류 작품
²³ **comment**	☐☐☐☐☐	명 논평, 주해 동 비평하다
²⁴ **composition**	☐☐☐☐☐	명 작곡, 작문, 구성
²⁵ **conference**	☐☐☐☐☐	명 회의, 협의, 대회

★몰랐던 단어에 체크해 주세요

몇회차 만에 25단어가 외어지는지
체크해 주세요

1회차	2회차	3회차	4회차	5회차
/25	/25	/25	/25	/25

26 **congratulate** ☐☐☐☐☐	동 축하하다, 경축하다	
27 **congress** ☐☐☐☐☐	명 의회, 회의	
28 **contrast** ☐☐☐☐☐	명 대조, 대비 동 대조하다, 대비하다	
29 **credit** ☐☐☐☐☐	명 신뢰, 신용, 믿음	
30 **cure** ☐☐☐☐☐	명 치료, 치료제 동 치료하다, 고치다	
31 **departure** ☐☐☐☐☐	명 출발, 떠남	
32 **destroy** ☐☐☐☐☐	동 파괴하다, 부수다	
33 **detective** ☐☐☐☐☐	명 탐정, 형사	
34 **director** ☐☐☐☐☐	명 관리자, 지도자, 연출자	
35 **disaster** ☐☐☐☐☐	명 재난, 불행	
36 **discuss** ☐☐☐☐☐	동 대화하다, 토론하다	
37 **elect** ☐☐☐☐☐	동 선출하다, 뽑다	
38 **entrance** ☐☐☐☐☐	명 들어감, 입학, 출입구	
39 **eternal** ☐☐☐☐☐	형 영원한, 불멸의	
40 **executive** ☐☐☐☐☐	명 중역, 경영자 형 실행의, 행정의	
41 **favorite** ☐☐☐☐☐	형 마음에 드는, 매우 좋아하는 명 좋아하는 것	
42 **flat** ☐☐☐☐☐	형 평평한, 단조로운 명 평면	
43 **flexible** ☐☐☐☐☐	형 유연한, 잘 휘어지는	
44 **flight** ☐☐☐☐☐	명 날기, 비행, 정기항공편	
45 **float** ☐☐☐☐☐	동 떠오르다, 떠돌다, 표류하다	
46 **flood** ☐☐☐☐☐	명 홍수, 범람 동 홍수지다, 범람하다	
47 **forever** ☐☐☐☐☐	부 영원히, 끝없이	
48 **fortune** ☐☐☐☐☐	명 운, 재산	
49 **forward** ☐☐☐☐☐	전 앞으로, 먼저 형 앞쪽의 동 보내다, 전송하다	
50 **gradually** ☐☐☐☐☐	부 차츰, 차차	

★몰랐던 단어에 체크해 주세요

1회차	2회차	3회차	4회차	5회차
/25	/25	/25	/25	/25

51 **graduate**	☐☐☐☐☐	동 졸업하다 명 졸업생, 대학원생
52 **guilty**	☐☐☐☐☐	형 유죄의, 죄를 범한
53 **hardship**	☐☐☐☐☐	명 곤란, 고생
54 **harm**	☐☐☐☐☐	명 손해, 악의 동 해치다, 훼손하다
55 **horrible**	☐☐☐☐☐	형 무서운, 끔찍한
56 **household**	☐☐☐☐☐	명 온 가족, 식구 형 가족의, 가사의
57 **instruct**	☐☐☐☐☐	동 지시하다, 가르치다
58 **instrument**	☐☐☐☐☐	명 악기, 도구, 기구
59 **judge**	☐☐☐☐☐	명 판사, 심판 동 재판하다, 판단하다
60 **justice**	☐☐☐☐☐	명 정의, 공정
61 **liberty**	☐☐☐☐☐	명 자유, 해방
62 **maybe**	☐☐☐☐☐	부 아마도, 어쩌면
63 **merely**	☐☐☐☐☐	부 단지, 그저
64 **minister**	☐☐☐☐☐	명 장관, 외교사절, 성직자, 목사
65 **mission**	☐☐☐☐☐	명 사절, 사명, 임무
66 **moderate**	☐☐☐☐☐	형 절제 있는, 적절한, 온건한
67 **modern**	☐☐☐☐☐	형 현대의, 현대적인 명 현대인
68 **negotiation**	☐☐☐☐☐	명 협상, 교섭, 절충
69 **neutral**	☐☐☐☐☐	형 중립의, 중간의, 중성의
70 **official**	☐☐☐☐☐	형 공식적인, 공무의 명 공무원, 직원
71 **operate**	☐☐☐☐☐	동 조종하다, 다루다, 수술하다
72 **optimist**	☐☐☐☐☐	명 낙천가, 낙관주의자
73 **overseas**	☐☐☐☐☐	형 해외의, 외국의 부 해외로
74 **paragraph**	☐☐☐☐☐	명 절, 단락
75 **physics**	☐☐☐☐☐	명 물리학

★몰랐던 단어에 체크해 주세요

몇회차 만에 25단어가 외어지는지
체크해 주세요

1회차	2회차	3회차	4회차	5회차
/25	/25	/25	/25	/25

76 **plenty**	☐☐☐☐☐	명 많음, 다수, 풍부 * plenty of ~ 많은 ~
77 **proud**	☐☐☐☐☐	형 거만한, 뽐내는, 자랑스러워 하는
78 **regular**	☐☐☐☐☐	형 규칙적인, 정규의 명 정규 선수
79 **republic**	☐☐☐☐☐	명 공화국
80 **selfish**	☐☐☐☐☐	형 이기적인, 제멋대로 하는
81 **senior**	☐☐☐☐☐	형 손위의, 선배의, 연상의 명 연장자, 상사
82 **sightseeing**	☐☐☐☐☐	명 관광
83 **solar**	☐☐☐☐☐	형 태양의, 태양 광선을 이용한
84 **spare**	☐☐☐☐☐	동 용서하다, 아끼다, 절약하다 명 예비의, 여분의
85 **spoil**	☐☐☐☐☐	동 망치다, 못쓰게 만들다, 상하다
86 **stomach**	☐☐☐☐☐	명 위, 복부
87 **summary**	☐☐☐☐☐	명 요약, 개요
88 **target**	☐☐☐☐☐	명 과녁, 목표
89 **task**	☐☐☐☐☐	명 직무, 임무, 과제
90 **thick**	☐☐☐☐☐	형 두꺼운, 짙은, 빽빽한 *반의어 thin 얇은, 가는
91 **toward**	☐☐☐☐☐	전 ~를 향하여, ~쪽으로
92 **traffic**	☐☐☐☐☐	명 교통, 통행
93 **treatment**	☐☐☐☐☐	명 치료, 취급, 대우
94 **trivial**	☐☐☐☐☐	형 사소한, 자질구레한
95 **ugly**	☐☐☐☐☐	형 추한, 못생긴, 불쾌한
96 **underground**	☐☐☐☐☐	형 지하의, 비밀의 명 지하
97 **valuable**	☐☐☐☐☐	형 귀중한, 가치가 있는, 값비싼 명 귀중품
98 **volcano**	☐☐☐☐☐	명 화산
99 **within**	☐☐☐☐☐	전 ~ 이내에, ~ 범위 안에서
100 **wonder**	☐☐☐☐☐	동 이상하게 여기다, 놀라다 명 경이, 놀라움

★몰랐던 단어에 체크해 주세요

1회차	2회차	3회차	4회차	5회차
/25	/25	/25	/25	/25

① 형용사편

classic ❶	ⓐ 평평한, 단조로운/평면
eternal ❷	ⓑ 현대의, 현대적인/현대인
flat ❸	ⓒ 고전의/일류 작품
flexible ❹	ⓓ 규칙적인, 정규의
modern ❺	ⓔ 영원한, 불멸의
neutral ❻	ⓕ 지하의, 비밀의/지하
regular ❼	ⓖ 두꺼운, 짙은 ,빽빽하다
solar ❽	ⓗ 유연한, 잘 휘어지는
thick ❾	ⓘ 중립의, 중간의, 중성의
underground ❿	ⓙ 태양의, 태양 광선을 이용한

② 형용사편

abstract ❶	ⓐ 유죄의, 죄를 범한
academic ❷	ⓑ 추상적인/추상
executive ❸	ⓒ 공식적인/공무원, 직원
guilty ❹	ⓓ 학문의, 학교의
household ❺	ⓔ 중역, 경영자/실행의
moderate ❻	ⓕ 해외의, 외국의/ 해외로
official ❼	ⓖ 사소한, 자질구레한
overseas ❽	ⓗ 귀중한, 값비싼/귀중품
trivial ❾	ⓘ 온 가족, 식구
valuable ❿	ⓙ 절제 있는, 적절한, 온건한

③ 동사편

alive ❶	ⓐ 무서운, 끔찍한
athletic ❷	ⓑ 거만한, 뽐내는
capital ❸	ⓒ 운동경기의, 체육의
central ❹	ⓓ 살아있는, 활발한
favorite ❺	ⓔ 마음에 드는, 좋아하는 것
horrible ❻	ⓕ 수도, 대문자, 자본
proud ❼	ⓖ 손위의, 선배의, 연상의
selfish ❽	ⓗ 중앙의, 중심의
senior ❾	ⓘ 추한, 못생긴, 불쾌한
ugly ❿	ⓙ 이기적인, 제멋대로 하는

---

❶1-c 2-e 3-a 4-h 5-b 6-i 7-d 8-j 9-g 10-f   ❷1-b 2-d 3-e 4-a 5-i 6-j 7-c 8-f 9-g 10-h
❸1-d 2-c 3-f 4-h 5-e 6-a 7-b 8-j 9-g 10-i

4 동사편

belong ❶	ⓐ 조종하다, 수술하다
comment ❷	ⓑ 속하다, ~의 소유물이다
contrast ❸	ⓒ 논평, 주해/ 비평하다
discuss ❹	ⓓ 대화하다, 토론하다
elect ❺	ⓔ 홍수, 범람/범람하다
float ❻	ⓕ 판사, 심판/재판하다
flood ❼	ⓖ 떠오르다, 표류하다
harm ❽	ⓗ 선출하다, 뽑다
judge ❾	ⓘ 손해, 악의/훼손하다
operate ❿	ⓙ 대조, 대비/대조하다,대비하다

5 동사편

bind ❶	ⓐ 파괴하다, 부수다
bundle ❷	ⓑ 졸업하다/졸업생, 대학원생
calm ❸	ⓒ 묶음, 꾸러미/짐을 꾸리다
congratulate ❹	ⓓ 묶다, 매다
destroy ❺	ⓔ 축하하다, 경축하다
graduate ❻	ⓕ 이상하게 여기다, 놀라다
instruct ❼	ⓖ 지시하다, 가르치다
spare ❽	ⓗ 고요한, 평온한
spoil ❾	ⓘ 용서하다, 절약하다
wonder ❿	ⓙ 망치다, 못쓰게 만들다, 상하다

6 명사편

automobile ❶	ⓐ 전지
battery ❷	ⓑ 자동차
being ❸	ⓒ 암, 악성 종양
cancer ❹	ⓓ 위, 복부
cell ❺	ⓔ 존재, 생존
cure ❻	ⓕ 세포, 전지, 독방
physics ❼	ⓖ 화산
stomach ❽	ⓗ 물리학
treatment ❾	ⓘ 치료, 치료제/치료하다
volcano ❿	ⓙ 치료, 취급, 대우

❹1-b 2-c 3-j 4-d 5-a 6-g 7-e 8-i 9-f 10-h ❺1-d 2-c 3-h 4-e 5-a 6-b 7-g 8-i 9-j 10-f
❻1-b 2-a 3-e 4-c 5-f 6-i 7-h 8-d 9-j 10-g

$2B$

7 명사편

award ❶	ⓐ 신뢰, 신용, 믿음
ceremony ❷	ⓑ 상, 상품/상을 주다
credit ❸	ⓒ 날기, 비행, 정기항공편
flight ❹	ⓓ 정의, 공정
fortune ❺	ⓔ 의식, 행사
justice ❻	ⓕ 공화국
liberty ❼	ⓖ 자유, 해방
republic ❽	ⓗ 교통, 통행
sightseeing ❾	ⓘ 운, 재산
traffic ❿	ⓙ 관광

8 명사편

board ❶	ⓐ 탐정, 형사
conference ❷	ⓑ 장관, 외교사절, 성직자
congress ❸	ⓒ 판, 게시판, 위원회
detective ❹	ⓓ 관리자, 지도자, 연출자
director ❺	ⓔ 회의, 협의, 대회
minister ❻	ⓕ 낙천가, 낙관주의자
mission ❼	ⓖ 의회, 회의
negotiation ❽	ⓗ 사절, 사명, 임무
optimist ❾	ⓘ 직무, 임무, 과제
task ❿	ⓙ 협상, 교섭, 절충

9 명사편

composition ❶	ⓐ 출발, 떠남
departure ❷	ⓑ 재난, 불행
disaster ❸	ⓒ 악기, 도구, 기구
entrance ❹	ⓓ 들어감, 입학, 출입구
hardship ❺	ⓔ 작곡, 작문, 구성
instrument ❻	ⓕ 곤란, 고생
paragraph ❼	ⓖ 많음, 풍부 * plenty of ~ 많은
plenty ❽	ⓗ 요약, 개요
summary ❾	ⓘ 과녁, 목표
target ❿	ⓙ 절, 단락

❼1-b 2-e 3-a 4-c 5-i 6-d 7-g 8-f 9-j 10-h ❽1-c 2-e 3-g 4-a 5-d 6-b 7-h 8-j 9-f 10-i
❾1-e 2-a 3-b 4-d 5-f 6-c 7-j 8-g 9-h 10-i

10 부사 etc

anyway ❶	ⓐ 영원히, 끝없이
beyond ❷	ⓑ 앞으로, 먼저/앞쪽의
certainly ❸	ⓒ 어쨌든, 어차피
forever ❹	ⓓ 확실히, 틀림없이
forward ❺	ⓔ ~의 저쪽에, ~을 넘어서
gradually ❻	ⓕ 아마도, 어쩌면
maybe ❼	ⓖ ~를 향하여, ~쪽으로
merely ❽	ⓗ ~ 이내에, ~ 범위 안에서
toward ❾	ⓘ 단지, 그저
within ❿	ⓙ 차츰, 차차

Challenge Quiz
챌린지 퀴즈

다음의 단어의 설명으로서 적당한 것을 아래로부터 선택해 주세요.

☐ **cell** ( ) ☐ **justice** ( ) ☐ **paragraph** ( )
☐ **Congress** ( ) ☐ **liberty** ( ) ☐ **summary** ( )
☐ **cure** ( ) ☐ **optimist** ( ) ☐ **treatment** ( )

☐ a treatment for making someone feel better
☐ the way you behave toward someone
☐ treatment of people that is fair and right
☐ the group of people chosen or elected to make the laws
☐ someone who always believes that good things will happen
☐ a group of lines of writing
☐ a short way of telling by giving only the main ideas
☐ being free to go where you want and to do what you want
☐ the smallest part of any living thing

❿1-c 2-e 3-d 4-a 5-b 6-j 7-f 8-i 9-g 10-h
【챌린지 퀴즈】 1-i 2-d 3-a 4-c 5-h 6-e 7-f 8-g 9-b

¹ abstract **art**   추상예술

² an academic **conference**   학회

³ the most talented composer alive   생존하는 가장 재능 있는 작곡가

⁴ Anyway, I'll call you tonight.   어쨌든 오늘 밤에 전화할게.

⁵ an athletic **event**   경기종목

⁸ an automobile **factory**   자동차 공장

⁷ Academy Award   아카데미상

⁸ run on a <u>solar</u> battery   태양전지로 운행하다

⁹ a supernatural being   초자연적 존재

¹⁰ These <u>instruments</u> belong to me.   이 악기들은 내 것이다.

¹¹ This job is beyond my power.   이 일은 내 능력 밖이다.

¹² bind old letters into a <u>bundle</u>   오래된 편지들을 한 덩어리로 묶다

¹³ a board of **directors**   이사회, 중역회의

¹⁴ a bundle of old clothes   옷 한 보따리

¹⁵ The <u>minister</u> spoke in a calm voice.   장관이 낮은 목소리로 말했다.

¹⁸ The doctor tried to <u>cure</u> her cancer.   의사는 그녀의 암을 치료하려고 노력했다.

¹⁷ an <u>official</u> capital   공식 수도

¹⁸ a **cancer** cell   암세포

¹⁸ the central **committee**   중앙위원회

²⁰ a graduation ceremony   졸업식

²¹ He is certainly guilty.   그는 확실히 죄가 있다.

²² ancient and <u>modern</u> classics   고금의 명작들

²³ The <u>detective</u> made no comment.   형사는 아무런 말도 하지 않았다.

²⁴ the composition of the <u>board</u>   그 위원회의 구성

²⁵ a conference on <u>physics</u>   물리학 학술회의

26 congratulate **the graduates**	졸업생들을 축하해주다
27 **elect a new** congress	새 의회를 선출하다
28 contrast **light and shade**	빛과 그림자를 대비시키다
29 **a person of** credit	신뢰 받는 사람
30 **We have no** cure **for cancer.**	암을 치료할 방법이 없다.
31 **a new** departure **in** treatment **for AIDS**	에이즈 치료를 향한 새로운 진전
32 **The bridge was** destroyed **in a** flood.	다리는 홍수로 파괴되었다.
33 **a private** detective	사립탐정
34 **an** executive[senior] **director**	전무이사 (상무이사)
35 **man-made** disasters	인재 (人災)
36 **They** discussed **how to** cure **the boy.**	그들은 소년을 어떻게 치료할 것인지 의논했다.
37 **The congress** elected **him chairman.**	의회는 그를 의장으로 선출했다.
38 **her** entrance **into the** negotiations	그녀의 협상 돌입
39 eternal **peace**	항구적 평화
40 **an** executive **board**	이사회
41 fortune's **favorite**	운명의 총아
42 **The earth is round, not** flat.	지구는 평평하지 않고 둥글다.
43 flexible **working time**	탄력적인 근로시간
44 **an** instrument **flight**	계기비행
45 **Wood** floats **on water.**	나무는 물에 뜬다.
46 **A** flood **destroyed the village.**	홍수가 그 마을을 파괴시켰다.
47 **I want to live** forever.	나는 영원히 살고 싶다.
48 **build up a** fortune **out of nothing**	무일푼에서 출발하여 재산을 모으다
49 **put the clock** forward	시계를 앞으로 내밀다
50 **He is getting better** gradually.	그는 차츰 회복하고 있다.

[51] **He graduated from Harvard.**	그는 하버드 대학을 졸업했다.
[52] **The court judged him guilty.**	법정은 그에게 유죄 판결을 내렸다.
[53] **a life of hardship**	고난의 일생
[54] **I meant no harm.**	나는 악의로 말한 것이 아니었다.
[55] **horrible weather**	끔찍한 날씨
[56] **household goods**	가재도구
[57] **instruct six classes in physics**	6개 반에서 물리학을 가르치다
[58] **operate medical instruments**	의료기기를 다루다
[59] **The judge found him not guilty.**	판사는 그에게 죄가 없음을 알았다.
[60] **treat people with justice**	사람들을 공평하게 대하다
[61] **fight for liberty**	자유를 위해 싸우다
[62] **Maybe he is a born optimist.**	아마도 그는 타고난 낙천가이다.
[63] **He said so merely as a joke.**	그는 단지 농담으로 그렇게 말했다.
[64] **the Foreign Minister**	외교부 장관
[65] **Foreign Missions**	해외 전도단
[66] **at a moderate price**	적당한 가격에
[67] **modern languages**	현대어
[68] **official negotiations**	공식 협상
[69] **A judge must be neutral.**	심판은 중립적이어야 한다.
[70] **a public official**	공무원
[71] **operate on electricity**	전기로 작동하다
[72] **He's an eternal optimist.**	그는 변치 않는 낙천가이다.
[73] **Our company operates overseas.**	우리 회사는 해외에서도 사업을 수행한다.
[74] **the first[last] paragraph**	제1절 (마지막 절)
[75] **modern physics**	현대 물리학

[76] **There is plenty of time.**	시간이 많다.
[77] **They are proud of their son.**	그들은 아들을 자랑스러워 한다.
[78] **a regular member**	정회원
[79] **the People's Republic of China**	중화인민공화국
[80] **a selfish act**	이기적인 행동
[81] **a senior judge**	수석 판사
[82] **a sightseeing bus**	관광버스
[83] **a solar cell**	태양전지
[84] **He did not spare himself.**	그는 힘을 아끼지 않았다.
[85] **Spare the rod and spoil the child.**	매를 아끼면 아이를 망친다.
[86] **She has stomach cancer.**	그녀는 위암에 걸렸다.
[87] **make a summary of the paragraph**	그 단락을 요약하다
[88] **a moving target**	이동표적
[89] **a lifelong task**	필생의 업
[90] **the thick shadow of night**	밤의 두터운 그림자
[91] **They walked toward me.**	그들은 나를 향해 걸어왔다.
[92] **a traffic accident**	교통사고
[93] **a new treatment for cancer**	새로운 암 치료법
[94] **Your composition has some trivial mistakes.**	너의 작문에 몇몇 사소한 잘못이 있다.
[95] **an ugly task**	싫은 일, 추한 일
[96] **an underground mall**	지하상가
[97] **a valuable member of the conference**	그 회의의 중요한 회원
[98] **The volcano is smoking**	화산이 연기를 내고 있다.
[99] **It's not a task within my powers.**	그것은 내 힘으로 할 수 있는 일이 아니다.
[100] **I wonder who will operate him.**	누가 그를 수술할지 모르겠다.

2D

마 무 리 체 크

1 □ bind	26 □ bundle	51 □ liberty	76 □ horrible
2 □ calm	27 □ cancer	52 □ mission	77 □ instruct
3 □ cell	28 □ credit	53 □ neutral	78 □ minister
4 □ cure	29 □ flight	54 □ operate	79 □ moderate
5 □ flat	30 □ guilty	55 □ physics	80 □ official
6 □ harm	31 □ merely	56 □ regular	81 □ optimist
7 □ task	32 □ modern	57 □ selfish	82 □ overseas
8 □ ugly	33 □ plenty	58 □ stomach	83 □ republic
9 □ alive	34 □ senior	59 □ summary	84 □ valuable
10 □ award	35 □ target	60 □ traffic	85 □ certainly
11 □ being	36 □ toward	61 □ trivial	86 □ departure
12 □ board	37 □ within	62 □ volcano	87 □ detective
13 □ elect	38 □ wonder	63 □ abstract	88 □ executive
14 □ float	39 □ battery	64 □ academic	89 □ gradually
15 □ flood	40 □ capital	65 □ athletic	90 □ household
16 □ judge	41 □ central	66 □ ceremony	91 □ paragraph
17 □ maybe	42 □ classic	67 □ congress	92 □ treatment
18 □ proud	43 □ comment	68 □ contrast	93 □ automobile
19 □ solar	44 □ destroy	69 □ director	94 □ conference
20 □ spare	45 □ discuss	70 □ disaster	95 □ instrument
21 □ spoil	46 □ eternal	71 □ entrance	96 □ composition
22 □ thick	47 □ forever	72 □ favorite	97 □ negotiation
23 □ anyway	48 □ fortune	73 □ flexible	98 □ sightseeing
24 □ belong	49 □ forward	74 □ graduate	99 □ underground
25 □ beyond	50 □ justice	75 □ hardship	100 □ congratulate

201···300

ability	contain	improve	primitive
accept	content	include	process
achieve	create	increase	produce
acquire	decade	individual	prove
admit	degree	influence	provide
adult	demand	involve	quality
advantage	describe	knowledge	raise
affect	detail	lack	realize
allow	determine	less	recognize
approach	development	literature	remain
assume	economic	major	require
attention	effect	material	research
attitude	effort	means	respect
available	encourage	notice	reveal
average	environment	object	seem
avoid	evidence	obvious	serious
aware	exist	occasion	situation
cause	experience	offer	state
circumstance	experiment	opportunity	subject
common	express	ordinary	suggest
community	figure	particular	supply
concept	form	perform	suppose
concern	function	personal	surface
condition	general	physical	technology
consider	human	prevent	value

3A

¹ **ability**	☐☐☐☐☐	명 능력, 기량, 할 수 있음
² **accept**	☐☐☐☐☐	동 받아들이다, 수용하다
³ **achieve**	☐☐☐☐☐	동 이루다, 성취하다, 달성하다
⁴ **acquire**	☐☐☐☐☐	동 획득하다, 습득하다
⁵ **admit**	☐☐☐☐☐	동 허락하다, 인정하다
⁶ **adult**	☐☐☐☐☐	명 성인, 어른
⁷ **advantage**	☐☐☐☐☐	명 유리, 우세, 이익
⁸ **affect**	☐☐☐☐☐	동 영향을 주다, 감동시키다
⁹ **allow**	☐☐☐☐☐	동 허용하다, 허가하다, 지급하다
¹⁰ **approach**	☐☐☐☐☐	동 가까이 가다, 접근하다 명 접근
¹¹ **assume**	☐☐☐☐☐	동 추정하다, ~라고 생각하다
¹² **attention**	☐☐☐☐☐	명 주의, 주목, 관심, 배려
¹³ **attitude**	☐☐☐☐☐	명 태도, 자세, 입장
¹⁴ **available**	☐☐☐☐☐	형 이용할 수 있는, 유용한
¹⁵ **average**	☐☐☐☐☐	명 평균, 표준 형 평균적인, 보통의
¹⁶ **avoid**	☐☐☐☐☐	동 피하다, 회피하다
¹⁷ **aware**	☐☐☐☐☐	형 알고 있는, 의식하고 있는
¹⁸ **cause**	☐☐☐☐☐	명 원인, 이유 동 원인이 되다, 일으키다
¹⁹ **circumstance**	☐☐☐☐☐	명 환경, 상황, 사정
²⁰ **common**	☐☐☐☐☐	형 공통의, 보통의, 공공의
²¹ **community**	☐☐☐☐☐	명 공동체, 사회
²² **concept**	☐☐☐☐☐	명 개념, 구상
²³ **concern**	☐☐☐☐☐	동 관계하다, 관여하다, 우려하다 명 관계, 관심사
²⁴ **condition**	☐☐☐☐☐	명 상태, 조건
²⁵ **consider**	☐☐☐☐☐	동 고려하다, 숙고하다, ~라고 생각하다

★몰랐던 단어에 체크해 주세요

몇회차 만에 25단어가 외어지는지
체크해 주세요

1회차	2회차	3회차	4회차	5회차
/25	/25	/25	/25	/25

26 **contain**	☐☐☐☐☐	통	담고 있다, 포함하다, 수용하다
27 **content**	☐☐☐☐☐	명	내용, 알맹이, 목차 형 만족하는
28 **create**	☐☐☐☐☐	통	창조하다, 창작하다
29 **decade**	☐☐☐☐☐	명	10년, 10개
30 **degree**	☐☐☐☐☐	명	정도, 학위, 도(度)
31 **demand**	☐☐☐☐☐	통	요구하다, 청구하다, 필요로 하다 명 요구, 수요
32 **describe**	☐☐☐☐☐	통	묘사하다, 서술하다
33 **detail**	☐☐☐☐☐	명	상세, 세부, 세밀
34 **determine**	☐☐☐☐☐	통	결심하다, 결정하다
35 **development**	☐☐☐☐☐	명	개발, 발달
36 **economic**	☐☐☐☐☐	형	경제의, 경제학의
37 **effect**	☐☐☐☐☐	명	효과, 영향
38 **effort**	☐☐☐☐☐	명	노력, 수고
39 **encourage**	☐☐☐☐☐	통	용기를 주다, 격려하다, 촉진하다
40 **environment**	☐☐☐☐☐	명	환경, 자연환경
41 **evidence**	☐☐☐☐☐	명	증거, 물증, 근거
42 **exist**	☐☐☐☐☐	통	존재하다, 실존하다, 생존하다
43 **experience**	☐☐☐☐☐	명	경험, 체험 통 경험하다, 겪다
44 **experiment**	☐☐☐☐☐	명	실험, 시도 통 실험하다
45 **express**	☐☐☐☐☐	통	표현하다, 나타내다 명 급행편
46 **figure**	☐☐☐☐☐	명	숫자, 인물, 형상 통 계산하다, 상상하다
47 **form**	☐☐☐☐☐	명	모양, 형식, 형태 통 형성하다, 모양을 이루다
48 **function**	☐☐☐☐☐	명	기능, 작용, 역할
49 **general**	☐☐☐☐☐	형	일반의, 대체적인, 개략의
50 **human**	☐☐☐☐☐	형	사람의, 인간의, 인간적인

★몰랐던 단어에 체크해 주세요

1회차	2회차	3회차	4회차	5회차
/25	/25	/25	/25	/25

⁵¹ **improve**	☐☐☐☐☐	통 개선하다, 향상시키다, 더 좋게 고치다
⁵² **include**	☐☐☐☐☐	통 포함하다, 함유하다
⁵³ **increase**	☐☐☐☐☐	통 늘다, 증가하다 명 증가, 증대
⁵⁴ **individual**	☐☐☐☐☐	형 개인의, 개별의 명 개인, 개체
⁵⁵ **influence**	☐☐☐☐☐	명 영향, 감화, 세력 통 영향을 주다, 감화시키다
⁵⁶ **involve**	☐☐☐☐☐	통 포함하다, 관련시키다, 열중하게 하다
⁵⁷ **knowledge**	☐☐☐☐☐	명 지식, 학식, 인식
⁵⁸ **lack**	☐☐☐☐☐	명 결핍, 부족 통 ~이 없다, 결핍되다
⁵⁹ **less**	☐☐☐☐☐	형 더 작은, ~ 보다 적은 부 적게
⁶⁰ **literature**	☐☐☐☐☐	명 문학
⁶¹ **major**	☐☐☐☐☐	형 대다수의, 주요한 통 전공하다
⁶² **material**	☐☐☐☐☐	명 재료, 자료, 원료 형 물질의
⁶³ **means**	☐☐☐☐☐	명 방법, 수단, 재산
⁶⁴ **notice**	☐☐☐☐☐	명 통지, 알림, 주목, 게시 통 통보하다, 알아채다
⁶⁵ **object**	☐☐☐☐☐	명 물건, 대상, 목적 통 반대하다
⁶⁶ **obvious**	☐☐☐☐☐	형 분명한, 명백한
⁶⁷ **occasion**	☐☐☐☐☐	명 경우, 기회, 때
⁶⁸ **offer**	☐☐☐☐☐	통 제공하다, 제의하다 명 제공
⁶⁹ **opportunity**	☐☐☐☐☐	명 기회, 호기
⁷⁰ **ordinary**	☐☐☐☐☐	형 보통의, 평범한, 일상적인
⁷¹ **particular**	☐☐☐☐☐	형 특정한, 특이한, 개개의
⁷² **perform**	☐☐☐☐☐	통 실행하다, 이행하다, 공연하다
⁷³ **personal**	☐☐☐☐☐	형 개인의, 개인적인
⁷⁴ **physical**	☐☐☐☐☐	형 신체의, 물질적인
⁷⁵ **prevent**	☐☐☐☐☐	통 막다, 예방하다

★몰랐던 단어에 체크해 주세요

	1회차	2회차	3회차	4회차	5회차
몇회차 만에 25단어가 외어지는지 체크해 주세요	/25	/25	/25	/25	/25

⁷⁶ **primitive**	☐☐☐☐☐	형	원시의, 원시적인, 근본적인
⁷⁷ **process**	☐☐☐☐☐	명 과정, 공정, 절차 동	가공하다, 처리하다
⁷⁸ **produce**	☐☐☐☐☐	동	생산하다, 제조하다
⁷⁹ **prove**	☐☐☐☐☐	동	증명하다, 입증하다
⁸⁰ **provide**	☐☐☐☐☐	동	주다, 제공하다, 준비하다
⁸¹ **quality**	☐☐☐☐☐	명	품질, 특성
⁸² **raise**	☐☐☐☐☐	동 올리다, 키우다, 승진시키다 명	올림, 증가
⁸³ **realize**	☐☐☐☐☐	동	깨닫다, 이해하다, 실현시키다
⁸⁴ **recognize**	☐☐☐☐☐	동	인정하다, 인지하다, 알아주다
⁸⁵ **remain**	☐☐☐☐☐	동	남아있다, 머무르다
⁸⁶ **require**	☐☐☐☐☐	동	필요로 하다, ~을 요구하다
⁸⁷ **research**	☐☐☐☐☐	명 연구, 조사 동	조사하다
⁸⁸ **respect**	☐☐☐☐☐	동 존경하다, 존중하다 명	존중, 관심
⁸⁹ **reveal**	☐☐☐☐☐	동	드러내다, 밝히다, 폭로하다
⁹⁰ **seem**	☐☐☐☐☐	동	~처럼 보인다, ~인 것 같다
⁹¹ **serious**	☐☐☐☐☐	형	진지한, 심각한, 중대한
⁹² **situation**	☐☐☐☐☐	명	상황, 위치, 처지
⁹³ **state**	☐☐☐☐☐	명 상태, 국가, 주(州) 동	말하다, 진술하다
⁹⁴ **subject**	☐☐☐☐☐	명 주제, 주어, 과목 동	복종시키다
⁹⁵ **suggest**	☐☐☐☐☐	동	암시하다, 제안하다
⁹⁶ **supply**	☐☐☐☐☐	동 공급하다, 조달하다 명	공급, 보급
⁹⁷ **suppose**	☐☐☐☐☐	동	가정하다, 상상하다, 추측하다
⁹⁸ **surface**	☐☐☐☐☐	명 표면, 겉, 수면 형	표면의
⁹⁹ **technology**	☐☐☐☐☐	명	과학기술
¹⁰⁰ **value**	☐☐☐☐☐	명 가치, 값 동	평가하다, 값을 매기다

★몰랐던 단어에 체크해 주세요

1회차	2회차	3회차	4회차	5회차
/25	/25	/25	/25	/25

3B 퀴즈로 달성도 체크 1·······30

1 형용사편

common ❶	ⓐ 경제의, 경제학의
economic ❷	ⓑ 분명한, 명백한
general ❸	ⓒ 공통의, 보통의, 공공의
individual ❹	ⓓ 일반의, 대체적인, 개략의
major ❺	ⓔ 개인의, 개인적인
obvious ❻	ⓕ 대다수의, 주요한/전공하다
particular ❼	ⓖ 개인의, 개별의/개인, 개체
personal ❽	ⓗ 보통의, 평범한, 일상적인
serious ❾	ⓘ 진지한, 심각한, 중대한
ordinary❿	ⓙ 특정한, 특이한, 개개의

2 형용사편

available ❶	ⓐ 이용할 수 있는, 유용한
average ❷	ⓑ 사람의, 인간의, 인간적
aware ❸	ⓒ 평균, 표준/평균적인, 보통의
content ❹	ⓓ 알고 있는, 의식하고 있는
human ❺	ⓔ 원시의, 원시적인, 근본적인
less ❻	ⓕ 신체의, 물질적인
material ❼	ⓖ 내용, 알맹이, 목차/만족하는
physical ❽	ⓗ 더 작은, ~ 보다 적은/적게
primitive ❾	ⓘ 표면, 겉, 수면/표면의
surface ❿	ⓙ 재료, 자료, 원료/물질의

3 동사편

accept ❶	ⓐ 허락하다, 인정하다
admit ❷	ⓑ 허용하다, 허가하다, 지급하다
allow ❸	ⓒ 묘사하다, 서술하다
consider ❹	ⓓ 받아들이다, 수용하다
contain ❺	ⓔ 포함하다, 함유하다
describe ❻	ⓕ 고려하다, ~라고 생각하다
encourage ❼	ⓖ 담고 있다, 포함하다, 수용하다
include ❽	ⓗ 존경하다, 존중하다/관심
recognize ❾	ⓘ 용기를 주다, 격려하다
respect ❿	ⓙ 인정하다, 인지하다, 알아주다

❶1-c 2-a 3-d 4-g 5-f 6-b 7-j 8-e 9-i 10-h ❷1-a 2-c 3-d 4-g 5-b 6-h 7-j 8-f 9-e 10-i
❸1-d 2-a 3-b 4-f 5-g 6-c 7-i 8-e 9-j 10-h

4 동사편

acquire ❶	ⓐ 필요로 하다, ~을 요구하다
demand ❷	ⓑ 획득하다, 습득하다
express ❸	ⓒ 주다, 제공하다, 준비하다
offer ❹	ⓓ 요구하다, 필요로 하다/수요
form ❺	ⓔ 표현하다, 나타내다/ 급행
provide ❻	ⓕ 가정하다, 상상하다, 추측하다
require ❼	ⓖ 제공하다, 제의하다/제공
reveal ❽	ⓗ 모양, 형식, 형태 /형성하다
suggest ❾	ⓘ 드러내다, 밝히다, 폭로하다
suppose ❿	ⓙ 암시하다, 제안하다

5 동사편

achieve ❶	ⓐ 영향을 주다, 감동시키다
affect ❷	ⓑ 늘다, 증가하다/증대
concern ❸	ⓒ 이루다, 성취하다, 달성하다
create ❹	ⓓ 실행하다, 이행하다, 공연하다
increase ❺	ⓔ 깨닫다, 이해하다, 실현시키다
involve ❻	ⓕ 관계하다, 관여하다, 우려하다
perform ❼	ⓖ 창조하다, 창작하다
produce ❽	ⓗ 공급하다, 조달하다/ 보급
realize ❾	ⓘ 포함하다, 관련시키다
supply ❿	ⓙ 생산하다, 제조하다

6 동사편

assume ❶	ⓐ 결심하다, 결정하다
avoid ❷	ⓑ 추정하다, ~라고 생각하다
determine ❸	ⓒ 피하다, 회피하다
exist ❹	ⓓ 증명하다, 입증하다
improve ❺	ⓔ 막다, 예방하다
prevent ❻	ⓕ 올리다, 키우다, 승진시키다
prove ❼	ⓖ 존재하다, 실존하다, 생존하다
raise ❽	ⓗ 개선하다, 향상시키다
remain ❾	ⓘ ~처럼 보인다, ~인 것 같다
seem ❿	ⓙ 남아있다, 머무르다

❹1-b 2-d 3-e 4-c 5-h 6-g 7-a 8-i 9-j 10-f ❺1-c 2-a 3-f 4-g 5-b 6-i 7-d 8-j 9-e 10-h
❻1-b 2-c 3-a 4-g 5-h 6-e 7-d 8-f 9-j 10-i

3B

7 명사편

cause ❶	ⓐ 증거, 물증, 근거
development ❷	ⓑ 영향, 감화, 세력
effect ❸	ⓒ 개발, 발달
evidence ❹	ⓓ 원인, 이유
experiment ❺	ⓔ 방법, 수단, 재산
influence ❻	ⓕ 효과, 영향
means ❼	ⓖ 실험, 시도/실험하다
process ❽	ⓗ 과학기술
research ❾	ⓘ 과정, 공정, 절차/가공하다
technology ❿	ⓙ 연구, 조사/조사하다

8 명사편

ability ❶	ⓐ 상세, 세부, 세밀
advantage ❷	ⓑ 능력, 기량, 할 수 있음
degree ❸	ⓒ 경험, 체험/경험하다, 겪다
detail ❹	ⓓ 유리, 우세, 이익
effort ❺	ⓔ 품질, 특성
experience ❻	ⓕ 정도, 학위, 도(度)
function ❼	ⓖ 가치, 값/평가하다
knowledge ❽	ⓗ 노력, 수고
quality ❾	ⓘ 지식, 학식, 인식
value ❿	ⓙ 기능, 작용, 역할 /작동하다

9 명사편

attitude ❶	ⓐ 개념, 구상
circumstance ❷	ⓑ 상태, 조건
concept ❸	ⓒ 주제, 주어, 과목/ 복종시키다
condition ❹	ⓓ 태도, 자세, 입장
environment ❺	ⓔ 환경, 상황, 사정
subject ❻	ⓕ 경우, 기회, 때
occasion ❼	ⓖ 상황, 위치, 처지
opportunity ❽	ⓗ 환경, 자연환경
situation ❾	ⓘ 상태, 국가/말하다, 진술하다
state ❿	ⓙ 기회, 호기

---

❼1-d 2-c 3-f 4-a 5-g 6-b 7-e 8-i 9-j 10-h　❽1-b 2-d 3-f 4-a 5-h 6-c 7-j 8-i 9-e 10-g
❾1-d 2-e 3-a 4-b 5-h 6-c 7-j 8-f 9-g 10-i

10 명사편

adult ❶	ⓐ 가까이 가다, 접근하다
approach ❷	ⓑ 성인, 어른
attention ❸	ⓒ 숫자, 인물, 형상/계산하다
community ❹	ⓓ 주의, 주목, 관심, 배려
decade ❺	ⓔ 공동체, 사회
figure ❻	ⓕ 통지, 알림, 주목, 게시
lack ❼	ⓖ 10년, 10개
literature ❽	ⓗ 물건, 대상, 목적/ 반대하다
notice ❾	ⓘ 문학
object ❿	ⓙ 결핍, 부족/~이 없다

챌린지 퀴즈 Challenge Quiz

다음의 단어의 설명으로서 적당한 것을 아래로부터 선택해 주세요.

☐ **ability** ( )	☐ **environment** ( )	☐ **influence** ( )
☐ **cause** ( )	☐ **experience** ( )	☐ **means** ( )
☐ **condition** ( )	☐ **experiment** ( )	☐ **situation** ( )

☐ something which produces an effect

☐ knowledge or skill that you get from doing a job

☐ a trial made in order to prove the truth

☐ to have an effect on the way someone thinks

☐ the way something gets done

☐ the skill or knowledge to do something

☐ the conditions in which you live, work, etc.

☐ the things that are happening in a particular place

☐ the state that something is in

❿1-b 2-a 3-d 4-e 5-g 6-c 7-j 8-i 9-f 10-h
【챌린지 퀴즈】 1-f 2-a 3-i 4-g 5-b 6-c 7-d 8-e 9-h

1 **prove** one's **ability**   자신의 능력을 증명하다

2 **accept** the harsh **conditions**   가혹한 상황을 받아들이다

3 They **achieved** their **object**.   그들은 목적을 달성했다.

4 **acquire** the **ability** to speak English   영어로 말하는 능력을 습득하다

5 He was **admitted** to the school.   그는 그 학교 입학이 허락되었다.

6 **evening** classes for **adults**   어른들을 위한 야간수업

7 **consider** the **advantage** to oneself first   자신의 이익을 먼저 생각하다

8 Cancer had **affected** his **stomach**.   암이 그의 위를 침범하였다.

9 Smoking is not **allowed** here.   여기서는 흡연이 허용되지 않는다.

10 Winter is **approaching**.   겨울이 다가오고 있다.

11 It is **assumed** he is <u>aware</u> of the fact.   그는 그 사실을 알고 있을 것으로 추정된다.

12 He became the **object** of **general** attention.   그는 대중적 관심의 대상이 되었다.

13 <u>assume</u> a cold **attitude**   냉정한 태도를 취하다

14 **all** available **means**   가능한 모든 수단

15 His IQ is above **average**.   그의 지능지수는 평균 이상이다.

16 He tried to **avoid** the **subject**.   그는 그 화제를 피하려고 애썼다.

17 be **aware** of the **danger**   위험을 알고 있다

18 The flood was **caused** by heavy rain.   홍수는 폭우 때문에 발생한다.

19 as far as **circumstances** will <u>allow</u>   사정이 허락하는 한

20 common **knowledge**   상식

21 an **economic** community   경제공동체

22 an **abstract** concept   추상적 개념

23 as far as I'm **concerned**   나에게 관한 한

24 **improve** housing **conditions**   주택상황을 개선하다

25 **consider** the **economic situation**   경제상태를 고려하다

²⁶ **A year** contains **12 months.**   1년은 12개월이다.

²⁷ <u>**form**</u> **and** content **in art**   예술의 형식과 내용

²⁸ **All men are** created **equal.**   모든 사람은 평등하게 창조되었다.

²⁹ **the first** decade **of the 21st century**   21세기의 첫 10년

³⁰ **acquire a high** degree **of skill**   고도의 기술을 습득하다

³¹ **demand a** <u>**raise**</u>   임금인상을 요구하다

³² **He** described **the** <u>**situation.**</u>   그는 상황을 설명했다.

³³ **Let me** <u>**describe**</u> **it in** detail.   제가 상세히 설명하겠습니다.

³⁴ **She** determined **to** <u>**accept the offer.**</u> 그녀는 그 제안을 받아들이기로 결심했다.

³⁵ **the** development **of creative** <u>**abilities**</u>   창조적인 능력의 발달

³⁶ **economic** <u>**development**</u>   경제발전

³⁷ **cause and** effect   원인과 결과

³⁸ **This job** <u>**requires**</u> **a lot of** effort.   이 일은 많은 노력을 필요로 한다.

³⁹ **encourage** production   생산을 독려하다

⁴⁰ **the** <u>**influence**</u> **of** environment   환경의 영향

⁴¹ <u>**physical**</u> **evidence**   물적 증거

⁴² **Man cannot** exist **without air.**   사람은 공기 없이 살 수 없다.

⁴³ <u>**knowledge**</u> <u>**acquired**</u> **through** experience   경험을 통해 얻은 지식

⁴⁴ <u>**improve**</u> **our** <u>**knowledge**</u> **by** experiments 실험으로 우리 지식을 향상시키다

⁴⁵ **express** one's **feelings**   자기 감정을 표현하다

⁴⁶ <u>**improve**</u> **one's** figure   자세를 개선하다

⁴⁷ **It** forms **the** <u>**figure**</u> **of a cross.**   그것은 십자가 모양이 되었다.

⁴⁸ **The brain** <u>**performs**</u> **an important** function. 뇌는 중요한 기능을 수행한다.

⁴⁹ **a** general **hospital**   종합병원

⁵⁰ **less than** human   인간 이하의

51 **His health gradually improved.** 그의 건강은 차츰 좋아졌다.

52 **Tax is included in the price.** 가격에 세금이 포함되었다.

53 **increase one's efforts** 더욱 노력하다

54 **the human rights of the individual** 개인의 인권

55 **his personal influence** 그의 개인적 영향

56 **be involved in a case** 송사에 연루되다

57 **increase human knowledge** 인지를 향상시키다

58 **He lacks real life experience.** 그는 실생활의 경험이 부족하다.

59 **He had less money than I thought.** 그는 내가 생각했던 것만큼 돈이 없다.

60 **the literature on the subject** 그 주제에 관한 문헌

61 **the two major parties** 두 주요 정당

62 **material evidence** 물적 증거

63 **a means of improving the situation** 상황을 개선시킬 수단

64 **attract notice** 주목을 끌다

65 **a material[physical] object** 물질

66 **an obvious lie** 명백한 거짓말

67 **on particular occasions** 특별한 경우에

68 **accept an offer** 제안을 받아들이다

69 **at the first opportunity** 기회가 오는 대로

70 **in ordinary dress** 평상복 차림으로

71 **in particular (⇔in general)** 특히 (⟨-⟩ 일반적으로)

75 **perform a scientific experiment** 과학실험을 하다

73 **Let's avoid being too personal.** 너무 개인적인 얘기는 피합시다.

74 **be in good physical condition** 좋은 몸 상태를 유지하다

75 **Circumstances prevented his going abroad.** 사정이 생겨 그는 외국에 가지 못했다.

76 **primitive technology** 원시적인 과학기술

77 **improve the production process** 생산공정을 개선하다

78 **Plastic is produced from oil.** 플라스틱은 석유에서 만들어진다.

79 **The bag proved to contain drugs.** 그 가방은 마약이 담긴 것으로 드러났다.

80 **provide opportunities for the young** 젊은 사람들에게 기회를 주다

81 **improve the quality of a product** 제품의 품질을 개선하다

82 **raise the standard of living** 생활수준을 높이다

83 **realize one's dreams** 자신의 꿈을 실현하다

84 **I recognized Jim by his voice.** 나는 목소리로 짐인지를 알았다.

85 **The cause of the fire remained a mystery.** 화재의 원인이 밝혀지지 않았다.

86 **if circumstances require** 필요하다면

87 **research and development (R & D)** (기업의) 연구개발

88 **respect the privacy of others** 다른 사람의 사생활을 존중하다

89 **The experiment revealed the new fact.** 그 실험은 새로운 사실을 밝혀주었다.

90 **He didn't seem to notice us.** 그는 우리에게 알리고 싶어하지 않았다.

91 **serious literature** 순수문학

92 **The situation became serious.** 상황이 긴박하게 돌아갔다.

93 **state the obvious** 명백한 것을 말하다

94 **required subjects** 필수과목

95 **suggest a different approach** 다른 접근 방법을 제안하다

96 **supply the increased demand** 늘어난 수요에 맞춰 공급하다

97 **Let's suppose life exists on that planet.** 저 혹성에 생명체가 존재한다고 가정해보자.

98 **A cube has six surfaces.** 입방체는 6개 면이 있다.

99 **available technology** 이용 가능한 과학기술

100 **accept new values** 새로운 가치를 받아들이다

3D

마 무 리 체 크

1 ☐ form	26 ☐ degree	51 ☐ perform	76 ☐ personal
2 ☐ lack	27 ☐ demand	52 ☐ prevent	77 ☐ physical
3 ☐ less	28 ☐ detail	53 ☐ process	78 ☐ research
4 ☐ seem	29 ☐ effect	54 ☐ produce	79 ☐ advantage
5 ☐ admit	30 ☐ effort	55 ☐ provide	80 ☐ attention
6 ☐ adult	31 ☐ figure	56 ☐ quality	81 ☐ available
7 ☐ allow	32 ☐ notice	57 ☐ realize	82 ☐ community
8 ☐ avoid	33 ☐ object	58 ☐ require	83 ☐ condition
9 ☐ aware	34 ☐ remain	59 ☐ respect	84 ☐ determine
10 ☐ cause	35 ☐ reveal	60 ☐ serious	85 ☐ encourage
11 ☐ exist	36 ☐ supply	61 ☐ subject	86 ☐ influence
12 ☐ human	37 ☐ ability	62 ☐ suggest	87 ☐ knowledge
13 ☐ major	38 ☐ achieve	63 ☐ suppose	88 ☐ primitive
14 ☐ means	39 ☐ acquire	64 ☐ surface	89 ☐ recognize
15 ☐ offer	40 ☐ average	65 ☐ approach	90 ☐ situation
16 ☐ prove	41 ☐ concept	66 ☐ attitude	91 ☐ experience
17 ☐ raise	42 ☐ concern	67 ☐ consider	92 ☐ experiment
18 ☐ state	43 ☐ contain	68 ☐ describe	93 ☐ individual
19 ☐ value	44 ☐ content	69 ☐ economic	94 ☐ literature
20 ☐ accept	45 ☐ express	70 ☐ evidence	95 ☐ particular
21 ☐ affect	46 ☐ general	71 ☐ function	96 ☐ technology
22 ☐ assume	47 ☐ improve	72 ☐ increase	97 ☐ development
23 ☐ common	48 ☐ include	73 ☐ material	98 ☐ environment
24 ☐ create	49 ☐ involve	74 ☐ occasion	99 ☐ opportunity
25 ☐ decade	50 ☐ obvious	75 ☐ ordinary	100 ☐ circumstance

301····400

accomplish	curious	identify	promise
act	decline	imagine	purpose
adequate	depend	immediate	rarely
adopt	desert	intend	reason
advance	desire	lately	recently
afford	difference	limit	reduce
agree	direct	machine	regard
amount	disappear	maintain	relative
ancient	efficient	matter	remove
appear	element	mean	retain
aspect	enable	mental	seek
attempt	end	movement	skill
attribute	entirely	observe	somehow
certain	especially	obtain	sort
character	essential	occur	source
civilization	establish	organization	species
claim	exactly	pattern	struggle
communicate	exchange	policy	subtle
complete	expect	population	suffer
complex	expression	prepare	therefore
conscious	factor	present	thought
contemporary	follow	price	trade
continue	further	probably	tradition
convey	generation	problem	variety
creature	guess	progress	waste

¹ **accomplish** ☐☐☐☐☐	통 이루다, 달성하다, 성취하다
² **act** ☐☐☐☐☐	명 행위, 법령, (연극) 막　통 행동하다, 연기하다
³ **adequate** ☐☐☐☐☐	형 적당한, 알맞은
⁴ **adopt** ☐☐☐☐☐	통 채택하다, 받아들이다, 양자를 들이다
⁵ **advance** ☐☐☐☐☐	통 나아가다, 진척시키다 . 명 전진, 진보, 선불
⁶ **afford** ☐☐☐☐☐	통 ~할 수 있다, ~할 여력이 있다
⁷ **agree** ☐☐☐☐☐	통 동의하다, 합의하다
⁸ **amount** ☐☐☐☐☐	명 총액, 양　통 총계가 ~가 되다
⁹ **ancient** ☐☐☐☐☐	형 고대의, 옛날의
¹⁰ **appear** ☐☐☐☐☐	통 나타나다, 등장하다, ~인 듯하다
¹¹ **aspect** ☐☐☐☐☐	명 겉모양, 관점, 양상
¹² **attempt** ☐☐☐☐☐	명 시도, 기도　통 시도하다, 도전하다
¹³ **attribute** ☐☐☐☐☐	통 ~ 덕분으로 돌리다, ~ 탓으로 하다
¹⁴ **certain** ☐☐☐☐☐	형 확실한, 일정한, 어떤
¹⁵ **character** ☐☐☐☐☐	명 특징, 성격
¹⁶ **civilization** ☐☐☐☐☐	명 문명, 개화
¹⁷ **claim** ☐☐☐☐☐	통 주장하다, 요구하다　명 주장, 요구
¹⁸ **communicate** ☐☐☐☐☐	통 의사 소통하다, 통신하다
¹⁹ **complete** ☐☐☐☐☐	형 완전한, 전부의　통 완료하다, 끝마치다
²⁰ **complex** ☐☐☐☐☐	형 복잡한, 복합적인　명 합성물, 콤플렉스
²¹ **conscious** ☐☐☐☐☐	형 의식하고 있는, 알고 있는, 지각하고 있는
²² **contemporary** ☐☐☐☐☐	형 같은 시대의, 당시의, 현대의 명 동시대인
²³ **continue** ☐☐☐☐☐	통 계속하다, 지속하다
²⁴ **convey** ☐☐☐☐☐	통 나르다, 운반하다, 전달하다
²⁵ **creature** ☐☐☐☐☐	명 생물, 창조물

★몰랐던 단어에 체크해 주세요

몇회차 만에 25단어가 외어지는지
체크해 주세요

1회차	2회차	3회차	4회차	5회차
/25	/25	/25	/25	/25

26 **curious**	☐☐☐☐☐	형	호기심이 강한, 기이한, 묘한
27 **decline**	☐☐☐☐☐	동	거절하다, 기울다, 쇠퇴하다 명 쇠퇴, 기움, 하락
28 **depend**	☐☐☐☐☐	동	의존하다, 의지하다, 믿다
29 **desert**	☐☐☐☐☐	동	버리다, 이탈하다 명 사막
30 **desire**	☐☐☐☐☐	동	바라다, 희망하다 명 욕구, 갈망
31 **difference**	☐☐☐☐☐	명	다름, 차이
32 **direct**	☐☐☐☐☐	동	지휘하다, 감독하다 형 똑바른, 직접적인
33 **disappear**	☐☐☐☐☐	동	사라지다, 없어지다
34 **efficient**	☐☐☐☐☐	형	능률적인, 유능한
35 **element**	☐☐☐☐☐	명	요소, 원소, 성분
36 **enable**	☐☐☐☐☐	동	가능하게 하다, 할 수 있게 하다
37 **end**	☐☐☐☐☐	명	끝, 한계, 목적
38 **entirely**	☐☐☐☐☐	부	완전히, 전적으로
39 **especially**	☐☐☐☐☐	부	특히, 유달리
40 **essential**	☐☐☐☐☐	형	본질적인, 필수적인 명 본질적 요소, 주요점
41 **establish**	☐☐☐☐☐	동	설립하다, 수립하다, 제정하다
42 **exactly**	☐☐☐☐☐	부	정확히, 꼭
43 **exchange**	☐☐☐☐☐	동	교환하다, 주고받다, 환전하다 명 교환, 환전
44 **expect**	☐☐☐☐☐	동	예상하다, 기대하다, 바라다
45 **expression**	☐☐☐☐☐	명	표현, 표정
46 **factor**	☐☐☐☐☐	명	요소, 요인, 인자
47 **follow**	☐☐☐☐☐	동	뒤따르다, 따라가다
48 **further**	☐☐☐☐☐	부	더 멀리, 좀더
49 **generation**	☐☐☐☐☐	명	세대, 동시대 사람들, 발생
50 **guess**	☐☐☐☐☐	동	추측하다, 짐작하다 명 추측

★몰랐던 단어에 체크해 주세요

1회차	2회차	3회차	4회차	5회차
/25	/25	/25	/25	/25

⁵¹ **identify**	☐☐☐☐☐	통 (~인지를) 확인하다, 식별하다, 감정하다
⁵² **imagine**	☐☐☐☐☐	통 상상하다, 생각하다
⁵³ **immediate**	☐☐☐☐☐	형 즉각적인, 직접의
⁵⁴ **intend**	☐☐☐☐☐	통 의도하다, ~할 작정이다
⁵⁵ **lately**	☐☐☐☐☐	부 요즈음, 최근에
⁵⁶ **limit**	☐☐☐☐☐	명 한계, 한도 통 제한하다, 한정하다
⁵⁷ **machine**	☐☐☐☐☐	명 기계, 기계장치
⁵⁸ **maintain**	☐☐☐☐☐	통 지속하다, 유지하다, 부양하다
⁵⁹ **matter**	☐☐☐☐☐	통 중요하다, 문제가 되다 명 물질, 소재, 문제
⁶⁰ **mean**	☐☐☐☐☐	통 의미하다, 뜻하다 형 비열한, 평범한
⁶¹ **mental**	☐☐☐☐☐	형 정신의, 마음의, 지능의
⁶² **movement**	☐☐☐☐☐	명 운동, 움직임, 활동
⁶³ **observe**	☐☐☐☐☐	통 관찰하다, 주시하다, (법을) 준수하다
⁶⁴ **obtain**	☐☐☐☐☐	통 손에 넣다, 달성하다
⁶⁵ **occur**	☐☐☐☐☐	통 일어나다, 생기다, 생각이 떠오르다
⁶⁶ **organization**	☐☐☐☐☐	명 조직, 기구
⁶⁷ **pattern**	☐☐☐☐☐	명 양식, 유형, 모범
⁶⁸ **policy**	☐☐☐☐☐	명 정책, 방침
⁶⁹ **population**	☐☐☐☐☐	명 인구, 주민수
⁷⁰ **prepare**	☐☐☐☐☐	통 준비하다, 채비를 갖추다
⁷¹ **present**	☐☐☐☐☐	형 출석한, 현재의 명 현재, 선물 통 제출하다
⁷² **price**	☐☐☐☐☐	명 값, 가격
⁷³ **probably**	☐☐☐☐☐	부 아마, 십중팔구
⁷⁴ **problem**	☐☐☐☐☐	명 문제, 난제, 골칫거리
⁷⁵ **progress**	☐☐☐☐☐	명 진보, 발달, 경과 통 진보하다, 발달하다

★몰랐던 단어에 체크해 주세요

몇회차 만에 25단어가 외워지는지
체크해 주세요

1회차	2회차	3회차	4회차	5회차
/25	/25	/25	/25	/25

76	promise	☐☐☐☐☐	명 약속, 유망 동 약속하다
77	purpose	☐☐☐☐☐	명 목적, 의도
78	rarely	☐☐☐☐☐	부 드물게, 좀처럼 ~ 않는
79	reason	☐☐☐☐☐	명 이유, 이성, 도리 동 논리적으로 생각하다, 추론하다
80	recently	☐☐☐☐☐	부 요즈음, 최근에
81	reduce	☐☐☐☐☐	동 줄이다, 감소하다, 낮추다
82	regard	☐☐☐☐☐	동 ~으로 여기다, 간주하다, 존중하다 명 존경, 고려
83	relative	☐☐☐☐☐	형 상대적인, 관련있는 명 친척
84	remove	☐☐☐☐☐	동 치우다, 제거하다, 옮기다
85	retain	☐☐☐☐☐	동 계속 유지하다, 보유하다
86	seek	☐☐☐☐☐	동 찾다, 수색하다, 추구하다
87	skill	☐☐☐☐☐	명 솜씨, 숙련, 기술
88	somehow	☐☐☐☐☐	부 어떻게 해서든지, 그럭저럭
89	sort	☐☐☐☐☐	명 종류, 부류 동 분류하다, 가려내다
90	source	☐☐☐☐☐	명 원천, 근원, 출처
91	species	☐☐☐☐☐	명 종, 종류
92	struggle	☐☐☐☐☐	명 몸부림, 노력, 투쟁 동 몸부림치다, 전력을 다하다, 투쟁하다
93	subtle	☐☐☐☐☐	형 미묘한, 민감한, 정교한
94	suffer	☐☐☐☐☐	동 (고통을) 겪다, 당하다, 견디다
95	therefore	☐☐☐☐☐	부 그래서, 그러므로
96	thought	☐☐☐☐☐	명 생각, 사고, 사상
97	trade	☐☐☐☐☐	명 무역, 거래, 매매
98	tradition	☐☐☐☐☐	명 전통, 관례, 전설
99	variety	☐☐☐☐☐	명 다양성, 가지각색, 종류
100	waste	☐☐☐☐☐	동 낭비하다, 소모하다 명 낭비, 쓰레기

★몰랐던 단어에 체크해 주세요

1회차	2회차	3회차	4회차	5회차
/25	/25	/25	/25	/25

1 형용사편

adequate ❶	ⓐ 확실한, 일정한, 어떤
ancient ❷	ⓑ 적당한, 알맞은
certain ❸	ⓒ 고대의, 옛날의
conscious ❹	ⓓ 같은 시대의, 당시의, 현대의
contemporary ❺	ⓔ 정신의, 마음의, 지능의
curious ❻	ⓕ 의식하고 있는, 알고 있는
efficient ❼	ⓖ 미묘한, 민감한, 정교한
immediate ❽	ⓗ 즉각적인, 직접의
mental ❾	ⓘ 호기심이 강한, 기이한, 묘한
subtle ❿	ⓙ 능률적인, 유능한

2 동사편

accomplish ❶	ⓐ 시도, 기도/도전하다
act ❷	ⓑ 행위, 법령, (연극) 막행동하다
advance ❸	ⓒ 이루다, 달성하다, 성취하다
afford ❹	ⓓ 완전한, 전부의/완료하다
attempt ❺	ⓔ 가능하게 하다, 할수있게 하다
complete ❻	ⓕ 나아가다, 진척시키다
direct ❼	ⓖ ~할 수 있다, ~할 여력이 있다
enable ❽	ⓗ 설립하다, 수립하다, 제정하다
establish ❾	ⓘ 손에 넣다, 달성하다
obtain ❿	ⓙ 지휘하다, 감독하다/직접적인

3 동사편

agree ❶	ⓐ 예상하다, 기대하다, 바라다
except ❷	ⓑ (~인지를) 확인하다,식별하다
guess ❸	ⓒ 의도하다, ~할 작정이다
identify ❹	ⓓ 동의하다, 합의하다
imagine ❺	ⓔ 추측하다, 짐작하다 / 추측
intend ❻	ⓕ 일어나다, ,생각이 떠오르다
mean ❼	ⓖ 상상하다, 생각하다
occur ❽	ⓗ 의미하다, 뜻하다/) 비열한
reason ❾	ⓘ ~으로 여기다, 간주하다, 존중
regard ❿	ⓙ 적으로 생각하다, 추론하다

---

❶1-b 2-c 3-a 4-f 5-d 6-i 7-j 8-h 9-e 10-g ❷1-c 2-b 3-f 4-g 5-a 6-d 7-j 8-e 9-h 10-i
❸1-d 2-a 3-e 4-b 5-g 6-c 7-h 8-f 9-j 10-i

4 동사편

adopt ❶	ⓐ 의사소통하다, 통신하다
attribute ❷	ⓑ ~ 덕분으로 돌리다
claim ❸	ⓒ 채택하다, 받아들이다
communicate ❹	ⓓ 바라다, 희망하다/ 욕구, 갈망
convey ❺	ⓔ 주장하다, 요구하다/주장, 요구
depend ❻	ⓕ 찾다, 수색하다, 추구하다
desire ❼	ⓖ 나르다, 운반하다, 전달하다
observe ❽	ⓗ 약속, 유망 (동) 약속하다
promise ❾	ⓘ 의존하다, 의지하다, 믿다
seek ❿	ⓙ 관찰하다, 주시하다

5 동사편

decline ❶	ⓐ 버리다, 이탈하다/사막
desert ❷	ⓑ 거절하다, 기울다, 쇠퇴하다
disappear ❸	ⓒ 교환하다, 주고받다, 환전하다
exchange ❹	ⓓ 사라지다, 없어지다
limit ❺	ⓔ 줄이다, 감소하다, 낮추다
reduce ❻	ⓕ 한계, 한도/제한하다
remove ❼	ⓖ 몸부림, 노력, 투쟁
sort ❽	ⓗ 치우다, 제거하다, 옮기다
struggle ❾	ⓘ 종류, 부류/분류하다
waste ❿	ⓙ 낭비하다/낭비, 쓰레기

6 동사편

amount ❶	ⓐ 나타나다, ~인 듯하다
appear ❷	ⓑ 뒤따르다, 따라가다
continue ❸	ⓒ 준비하다, 채비를 갖추다
follow ❹	ⓓ 총액, 양/총계가 ~가 되다
maintain ❺	ⓔ 중요하다/물질, 소재, 문제
matter ❻	ⓕ 계속 유지하다, 보유하다
prepare ❼	ⓖ 계속하다, 지속하다
progress ❽	ⓗ (고통을) 겪다, 당하다, 견디다
retain ❾	ⓘ 지속하다, 유지하다, 부양하다
suffer ❿	ⓙ 진보, 발달, 경과/발달하다

❹1-c 2-b 3-e 4-a 5-g 6-i 7-d 8-j 9-h 10-f　❺1-b 2-a 3-d 4-c 5-f 6-e 7-h 8-i 9-g 10-j
❻1-d 2-a 3-g 4-b 5-i 6-e 7-c 8-j 9-f 10-h

⑦ 명사편

complex ❶	ⓐ 본질적인, 필수적인/주요점
creature ❷	ⓑ 요소, 요인, 인자
element ❸	ⓒ 복잡한, 복합적인/합성물
essential ❹	ⓓ 생물, 창조물
factor ❺	ⓔ 원천, 근원, 출처
pattern ❻	ⓕ 요소, 원소, 성분
problem ❼	ⓖ 다양성, 가지각색, 종류
source ❽	ⓗ 종, 종류
species ❾	ⓘ 문제, 난제, 골칫거리
variety ❿	ⓙ 유형, 모범

⑧ 명사편

purpose ❶	ⓐ 정책, 방침
civilization ❷	ⓑ 목적, 의도
machine ❸	ⓒ 기계, 기계장치
organization ❹	ⓓ 생각, 사고, 사상
policy ❺	ⓔ 문명, 개화
population ❻	ⓕ 전통, 관례, 전설
price ❼	ⓖ 조직, 기구
thought ❽	ⓗ 인구, 주민수
trade ❾	ⓘ 무역, 거래, 매매
tradition ❿	ⓙ 값, 가격

⑨ 명사편

aspect ❶	ⓐ 다름, 차이
character ❷	ⓑ 끝, 한계, 목적
difference ❸	ⓒ 특징, 성격
end ❹	ⓓ 운동, 움직임, 활동
expression ❺	ⓔ 겉모양, 관점, 양상
generation ❻	ⓕ 세대, 동시대 사람들, 발생
movement ❼	ⓖ 출석한, 현재의/현재, 선물
present ❽	ⓗ 솜씨, 숙련, 기술
relative ❾	ⓘ 표현, 표정
skill ❿	ⓙ 상대적인, 관련 있는/ 친척

⑦1-c 2-d 3-f 4-a 5-b 6-j 7-i 8-e 9-h 10-g　⑧1-b 2-e 3-c 4-g 5-a 6-h 7-j 8-d 9-i 10-f
⑨1-e 2-c 3-a 4-b 5-i 6-f 7-d 8-g 9-j 10-h

⑩ 부사편

entirely ❶	ⓐ 요즈음, 최근에
especially ❷	ⓑ 정확히, 꼭
exactly ❸	ⓒ 더 멀리, 좀더
further ❹	ⓓ 완전히, 전적으로
lately ❺	ⓔ 요즈음, 최근에
probably ❻	ⓕ 특히, 유달리
rarely ❼	ⓖ 그래서, 그러므로
recently ❽	ⓗ 어떻게 해서든지, 그럭저럭
somehow ❾	ⓘ 아마, 십중팔구
therefore ❿	ⓙ 드물게, 좀처럼 ~ 않는

Challenge Quiz 챌린지 퀴즈

다음의 단어의 설명으로서 적당한 것을 아래로부터 선택해 주세요.

☐ **amount** ( )   ☐ **difference** ( )   ☐ **skill** ( )
☐ **aspect** ( )   ☐ **expression** ( )   ☐ **trade** ( )
☐ **character** ( )   ☐ **price** ( )   ☐ **variety** ( )

☐ how much money you pay to buy something
☐ one part of a problem
☐ the sort of person you are
☐ a way of saying something
☐ a way in which things are not the same
☐ the differences among things
☐ how much there is of something
☐ an exchange of one thing for another
☐ the ability to do something well

❿1-d 2-f 3-b 4-c 5-e 6-i 7-j 8-a 9-h 10-g
【챌린지 퀴즈】 1-g 2-b 3-c 4-e 5-d 6-a 7-i 8-h 9-f

1 accomplish one's purpose	자기 목적을 달성하다
2 act without thought	생각 없이 행동하다
3 He is adequate to the task.	그는 그 일에 적임이다.
4 adopt a policy	정책을 채택하다
5 obtain an advance	선불금을 받다
6 I can't afford to waste even one dollar.	단 1달러도 낭비할 여유가 없다.
7 agree to a proposal	제안에 동의하다
8 We have a limited amount of oil.	우리는 한정된 양의 석유를 보유하고 있다.
9 ancient civilization	고대문명
10 He didn't appear on television until recently.	그는 최근까지 텔레비전에 나오지 않았다.
11 an essential aspect of life	삶의 본질적인 단면
12 an attempt to make a flying machine	비행하는 기계를 만들려는 시도
13 attribute her death to natural causes	그녀의 죽음을 자연사로 보다
14 Prices are certain to go higher.	물가가 더 올라갈 것이 확실하다.
15 She lacks character.	그녀는 개성이 없다.
16 establish a civilization	문명을 건설하다
17 make a large claim against the company	그 회사에게 큰 금액을 청구하다
18 communicate with a ship by radio	선박과 무선으로 교신하다
19 the complete character	전인격
20 a complex machine	복잡한 기계
21 She was conscious of being followed.	그녀는 누가 미행하고 있는 것을 알고 있었다.
22 contemporary literature	현대문학
23 The practice has continued to the present.	그 관습은 지금까지 계속되었다.
24 Sound is conveyed by air.	소리는 공기로 전달된다.
25 a creature of circumstance	환경의 지배를 받는 생물

26 We are curious to know what happened.
우리는 무엇이 일어났는지 몹시 알고 싶어한다.

27 decline an offer politely
정중하게 제안을 거절하다

28 That depends entirely upon you.
그건 전적으로 너에게 달렸다.

29 He was deserted by his friends.
그는 그의 친구들에게 버림받았다.

30 desire happiness
행복을 바라다

31 an individual defference
개인차

32 He directed my attention to the notice.
그는 나의 관심을 게시판으로 향하게 했다.

33 disappear into the dark
어둠 속으로 사라지다

34 an efficient machine
효율적인 기계

35 the essential elements of civilization
문명의 필수 요소

36 Wings enable birds to fly.
날개가 새들을 날 수 있게 한다.

37 a means to an end
목적 달성의 수단

38 No one is entirely alone.
완전히 고독한 사람은 없다.

39 an especially important problem
특히 중요한 문제

40 an essential difference
본질적인 차이

41 establish a republic
공화국을 수립하다

42 This is exactly what she intended.
이것은 정확히 그녀가 의도했던 그대로이다.

43 exchange dollars for yen
달러를 엔화로 환전하다

44 Don't expect too much of him.
그에게 너무 많은 기대를 하지 마라.

45 Her expression lacks variety.
그녀의 표정은 변화가 없다.

46 reduce the chance factor to a minimum
우연적 요소를 최소한으로 줄이다

47 Monday follows Sunday.
월요일은 일요일 다음이다.

48 not further than a mile from here
여기서 1마일 이내에 있는

49 the present generation
현재 세대

50 guess the population
인구를 추정하다

⁵¹ identify **money with happiness**   돈을 행복과 동일시하다

⁵² We cannot imagine **life without electricity.**   우리는 전기 없는 생활을 상상할 수 없다.

⁵³ the immediate **future**   가까운 미래

⁵⁴ What did he intend **to say?**   그가 무슨 말을 하려고 했지?

⁵⁵ I haven't seen him lately.   나는 최근에 그를 보지 못했다.

⁵⁶ beyond the limits **of reason**   터무니없는

⁵⁷ play back an answering **machine**   자동응답 전화기를 재생하다

⁵⁸ maintain **economic progress**   경제발전을 지속하다

⁵⁹ a matter **of national character**   국민성의 문제

⁶⁰ He says exactly **what he means.**   그는 그가 뜻하는 바를 정확히 말한다.

⁶¹ He has mental **problems.**   그는 정신적으로 불안정하다.

⁶² the movement **of the eyes**   눈의 움직임

⁶³ observe the movements **of an enemy**   적의 행동을 관찰하다

⁶⁴ obtain knowledge through direct **experience**   직접 경험을 통해 지식을 얻다

⁶⁵ This problem often **occurs.**   이 문제가 종종 일어난다.

⁶⁶ establish an **organization**   조직을 설립하다

⁶⁷ a mosaic with a complex **pattern**   복잡한 문양의 모자이크

⁶⁸ follow an open-door **policy**   문호개방 정책을 따르다

⁶⁹ The population declined recently.   최근 인구가 줄었다.

⁷⁰ prepare **for disaster**   재난에 대비하다

⁷¹ the present **situation**   현상황

⁷² reduce one's **prices**   가격을 낮추다

⁷³ The population will probably **increase.**   인구는 아마 증가할 것이다.

⁷⁴ the immediate **problem**   당면한 문제

⁷⁵ He has progressed in English lately.   그는 최근 영어에 진전이 있었다.

76 **exchange** promises	약속을 교환하다
77 **on purpose**	고의로
78 He **rarely** drinks.	그는 거의 술을 마시지 않는다.
79 **for obvious** reasons	명백한 이유로
80 **until quite** recently	아주 최근까지
81 **reduce the speed of the car**	차의 속도를 줄이다
82 I **regard** the **problem** as being **complex**.	나는 그 문제가 복잡하다고 생각한다.
83 **Price** is **relative** to demand.	가격은 수요와 관계가 있다.
84 **remove the dishes from the table**	테이블에서 접시를 치우다
85 **retain** freshness	신선함을 유지하다
86 **seek one's** fortune	한 재산 모으려 하다
87 **physical and mental** skills	심신의 기능
88 He makes a living **somehow**.	그는 그럭저럭 생계를 꾸리고 산다.
89 a new **sort** of material	새로운 종류의 원료
90 **remove** all **sources** of pain	고통의 모든 원인을 제거하다
91 **identify a** species	종(種)을 확인하다
92 after a long **mental** struggle	오랜 고뇌 끝에
93 a **subtle** situation	미묘한 상황
94 **suffer mental** stress	정신적 스트레스를 겪다
95 I think, **therefore** I am.	나는 생각한다, 고로 존재한다.
96 **communicate** one's thoughts to other people	자기 생각을 타인에게 전달하다
97 Trade **continued** during the war.	전쟁 중에도 상거래는 계속되었다.
98 an **established** tradition	확립된 전통
99 for a **variety** of **reasons**	다양한 이유로
100 **reduce** food **waste**	음식물 쓰레기를 줄이다

1 ☐ act	26 ☐ expect	51 ☐ element	76 ☐ probably
2 ☐ end	27 ☐ factor	52 ☐ exactly	77 ☐ progress
3 ☐ mean	28 ☐ follow	53 ☐ further	78 ☐ recently
4 ☐ seek	29 ☐ intend	54 ☐ imagine	79 ☐ relative
5 ☐ sort	30 ☐ lately	55 ☐ machine	80 ☐ struggle
6 ☐ adopt	31 ☐ matter	56 ☐ observe	81 ☐ attribute
7 ☐ agree	32 ☐ mental	57 ☐ pattern	82 ☐ character
8 ☐ claim	33 ☐ obtain	58 ☐ prepare	83 ☐ conscious
9 ☐ guess	34 ☐ policy	59 ☐ present	84 ☐ disappear
10 ☐ limit	35 ☐ rarely	60 ☐ problem	85 ☐ efficient
11 ☐ occur	36 ☐ reason	61 ☐ promise	86 ☐ essential
12 ☐ price	37 ☐ reduce	62 ☐ purpose	87 ☐ establish
13 ☐ skill	38 ☐ regard	63 ☐ somehow	88 ☐ immediate
14 ☐ trade	39 ☐ remove	64 ☐ species	89 ☐ therefore
15 ☐ waste	40 ☐ retain	65 ☐ thought	90 ☐ tradition
16 ☐ afford	41 ☐ source	66 ☐ variety	91 ☐ accomplish
17 ☐ amount	42 ☐ subtle	67 ☐ adequate	92 ☐ difference
18 ☐ appear	43 ☐ suffer	68 ☐ complete	93 ☐ especially
19 ☐ aspect	44 ☐ advance	69 ☐ continue	94 ☐ expression
20 ☐ convey	45 ☐ ancient	70 ☐ creature	95 ☐ generation
21 ☐ depend	46 ☐ attempt	71 ☐ entirely	96 ☐ population
22 ☐ desert	47 ☐ certain	72 ☐ exchange	97 ☐ communicate
23 ☐ desire	48 ☐ complex	73 ☐ identify	98 ☐ civilization
24 ☐ direct	49 ☐ curious	74 ☐ maintain	99 ☐ contemporary
25 ☐ enable	50 ☐ decline	75 ☐ movement	100 ☐ organization

경이로운 실증 데이터 ①

센터실험 레벨

이제까지 [센터시험레벨] 400 단어 학습을 마쳤습니다. 그러면 400 단어가 어떻게 어떤 방법으로 [센터시험]에 자주 나오는지를 실제 시험의 예(例)로 확인하여 보도록 하겠습니다. 겨우 400 단어라고 가볍게 보고 이 400단어를 암기하지 않았다면 다음의 장문(長文)은 완전히 포기하고 말았을 것이란 사실을 납득할 수 있겠지요! 한글 번역을 보지 않고 어느 정도 의미가 통할 수 있을지 도전해 주세요.

● 「센터 시험 레벨」 400 단어(파생어 포함한다)
● 지금부터 본서에서 취급하는 단어(파생어 포함한다)

In many parts of the world, the influence of television is a matter of increasing concern. For years, critics of television have concentrated on the issue of the program content — particularly violence — as it affects viewers. The problem seems especially serious with regard to younger children. There is evidence that TV does in fact lead people to accept more violence in everyday life. How could this not happen when it presents violent acts, often with guns and knives, as normal and common occurrences?

In the last few years criticism of television has moved to a new stage by shifting the focus from the subject matter to the experience of the medium itself. The problem now with TV is not just what is seen but how it is seen. The way children watch it causes them to be passive, and some evidence suggests that such viewing might even affect the development of the brain in small children. (중략)

Much of discussion of TV during the next few years will center on how to reduce the dangers which it presents, particularly to younger people. Already there are movements to try to ban TV advertising which is directed at children under a certain age. (후략)

해설

대부분의 나라에서 텔레비전의 영향은 떠오르는 관심사가 되고 있다. 몇 년 동안 텔레비전에 대한 비판들은 그 프로그램의 내용들이 시청자들에게 끼치는 영향-특히 폭력-에 대해 관심을 집중시켜왔다. 그러한 문제는 특별히 어린아이들에게 더 심각하게 보인다.

텔레비전이 일상생활에서 더 많은 폭력성을 용인하도록 한다는 증거도 있다. 총과 칼들을 사용하는 폭력적인 행동들이 일상적이고 평범한 것이 되어 버리는 일이 일어날 수 있을 것이다. 최근 몇 년 동안 TV에 대한 비판들의 초점이 프로그램 주제에 대한 것에서 TV를 본다는 경험 자체에 대한 것으로 옮겨 가고 있다. 현재의 TV에 대한 문제점은 단순하게 무엇을 보느냐가 아니라 어떻게 보느냐 란 점이다.

아이들이 텔레비전을 보는 방법 때문에 수동적이 되어버리고특히 유아들의 뇌의 발달에 영양을 미친다는 증거들도 있다. (중략)

향후 수년간 텔레비전 논의의 대부분은 특히 어린아이들에게 나타날 위험성을 어떻게 줄이느냐 하는 점에 집중될 것이다. 이미 특정 연령 이하의 어린이들에게 행해지던 텔레비전 광고를 금지하는 움직임이 시도되고 있다. (후략)

accustom	conscience	famine	participate
adjust	consequence	federal	prefecture
aggressive	conservative	forgive	proof
alternative	considerable	fossil	property
amaze	criminal	galaxy	proverb
ambassador	crop	gasp	quarrel
apologize	debt	gaze	release
appoint	dialect	glimpse	reputation
approve	diplomatic	grain	resign
arrest	district	ground	resolve
assignment	drift	illegal	sophisticated
attend	drown	injure	squeeze
authority	education	innocent	statesman
boundary	emigrate	insurance	stick
brave	emotion	interfere	stock
burst	equator	lawyer	temper
candidate	evident	lung	term
capable	evil	manners	tide
career	exception	marvelous	treaty
circle	excess	missing	trunk
civil	exclaim	objection	verbal
classify	extent	oblige	warn
college	extinct	obstacle	weigh
compulsory	facility	oxygen	willing
conquer	fame	parliament	worthwhile

1 **accustom**	☐☐☐☐☐	통 익숙해지다, 습관 들이다
2 **adjust**	☐☐☐☐☐	통 조절하다, 맞추다
3 **aggressive**	☐☐☐☐☐	형 공격적인, 적극적인
4 **alternative**	☐☐☐☐☐	형 양자택일의, 대안의 명 대안, 양자택일
5 **amaze**	☐☐☐☐☐	통 놀라게 하다, 경탄하다
6 **ambassador**	☐☐☐☐☐	명 대사, 사절
7 **apologize**	☐☐☐☐☐	통 사과하다, 변명하다
8 **appoint**	☐☐☐☐☐	통 임명하다, 지정하다
9 **approve**	☐☐☐☐☐	통 인정하다, 찬성하다
10 **arrest**	☐☐☐☐☐	통 체포하다, 검거하다
11 **assignment**	☐☐☐☐☐	명 숙제, 할당, 임명
12 **attend**	☐☐☐☐☐	통 참석하다, 출석하다, 보살피다
13 **authority**	☐☐☐☐☐	명 권위, 권한, 당국
14 **boundary**	☐☐☐☐☐	명 경계(선), 한계
15 **brave**	☐☐☐☐☐	형 용감한, 용기 있는
16 **burst**	☐☐☐☐☐	통 터뜨리다, 파열하다
17 **candidate**	☐☐☐☐☐	명 후보, 지원자
18 **capable**	☐☐☐☐☐	형 능력 있는, 유능한
19 **career**	☐☐☐☐☐	명 경력, 직업
20 **circle**	☐☐☐☐☐	명 원, 집단, 범위
21 **civil**	☐☐☐☐☐	형 시민의, 민간의
22 **classify**	☐☐☐☐☐	통 분류하다, 등급으로 나누다
23 **college**	☐☐☐☐☐	명 단과대학, 전문대학
24 **compulsory**	☐☐☐☐☐	형 강제적인, 의무적인
25 **conquer**	☐☐☐☐☐	통 정복하다, 극복하다

★몰랐던 단어에 체크해 주세요

몇회차 만에 25단어가 외어지는지
체크해 주세요

1회차	2회차	3회차	4회차	5회차
/25	/25	/25	/25	/25

²⁶ **conscience** ☐☐☐☐☐	명	양심
²⁷ **consequence** ☐☐☐☐☐	명	결과, 중요성
²⁸ **conservative** ☐☐☐☐☐	형	보수적인, 수구적인 명 보수주의자
²⁹ **considerable** ☐☐☐☐☐	형	상당한, 고려할 만한, 중요한
³⁰ **criminal** ☐☐☐☐☐	명	범인, 범죄자 형 범죄의, 형법의
³¹ **crop** ☐☐☐☐☐	명	농작물, 수확량
³² **debt** ☐☐☐☐☐	명	빚, 부채
³³ **dialect** ☐☐☐☐☐	명	사투리, 방언
³⁴ **diplomatic** ☐☐☐☐☐	형	외교의, 외교관의
³⁵ **district** ☐☐☐☐☐	명	지역, 지구
³⁶ **drift** ☐☐☐☐☐	동	표류하다, 떠돌아다니다 명 표류
³⁷ **drown** ☐☐☐☐☐	동	물에 빠져 죽다, 익사하다
³⁸ **education** ☐☐☐☐☐	명	교육, 훈련
³⁹ **emigrate** ☐☐☐☐☐	동	이주하다, (타국으로) 이민 가다
⁴⁰ **emotion** ☐☐☐☐☐	명	감정, 감동
⁴¹ **equator** ☐☐☐☐☐	명	적도
⁴² **evident** ☐☐☐☐☐	형	분명한, 명백한
⁴³ **evil** ☐☐☐☐☐	형	나쁜, 사악한, 불길한 명 악, 해악
⁴⁴ **exception** ☐☐☐☐☐	명	제외, 예외
⁴⁵ **excess** ☐☐☐☐☐	명	초과, 과잉, 지나침
⁴⁶ **exclaim** ☐☐☐☐☐	동	외치다, 소리치다
⁴⁷ **extent** ☐☐☐☐☐	명	범위, 정도, 크기
⁴⁸ **extinct** ☐☐☐☐☐	형	소멸된, 멸종된
⁴⁹ **facility** ☐☐☐☐☐	명	쉬움, 편리, 편의시설
⁵⁰ **fame** ☐☐☐☐☐	명	명성, 인기

★몰랐던 단어에 체크해 주세요

1회차	2회차	3회차	4회차	5회차
/25	/25	/25	/25	/25

단어		뜻
⁵¹ **famine**	□□□□□	명 기근, 굶주림, 고갈
⁵² **federal**	□□□□□	형 연방(정부)의, 연합의
⁵³ **forgive**	□□□□□	동 용서하다, 탕감하다
⁵⁴ **fossil**	□□□□□	명 화석
⁵⁵ **galaxy**	□□□□□	명 은하수, 은하계
⁵⁶ **gasp**	□□□□□	동 헐떡거리다, 숨막히다 명 숨막힘
⁵⁷ **gaze**	□□□□□	동 뚫어지게 보다, 응시하다
⁵⁸ **glimpse**	□□□□□	명 흘끗 봄, 일별 동 흘끗 보다
⁵⁹ **grain**	□□□□□	명 곡물, 낱알, 미량
⁶⁰ **ground**	□□□□□	명 땅, 운동장, 근거, 이유
⁶¹ **illegal**	□□□□□	형 불법적인, 위법의
⁶² **injure**	□□□□□	동 상처를 입히다, 부상시키다
⁶³ **innocent**	□□□□□	형 순진한, 죄없는, 결백한
⁶⁴ **insurance**	□□□□□	명 보험
⁶⁵ **interfere**	□□□□□	동 방해하다, 간섭하다
⁶⁶ **lawyer**	□□□□□	명 변호사, 법률가
⁶⁷ **lung**	□□□□□	명 폐, 허파
⁶⁸ **manners**	□□□□□	명 풍습, 예절
⁶⁹ **marvelous**	□□□□□	형 놀라운, 믿기 어려운
⁷⁰ **missing**	□□□□□	형 없어진, 행방불명의
⁷¹ **objection**	□□□□□	명 반대, 이의
⁷² **oblige**	□□□□□	동 강요하다, 억지로 ~하게 하다
⁷³ **obstacle**	□□□□□	명 장애물, 방해
⁷⁴ **oxygen**	□□□□□	명 산소
⁷⁵ **parliament**	□□□□□	명 의회, 국회

★몰랐던 단어에 체크해 주세요

몇회차 만에 25단어가 외어지는지
체크해 주세요

1회차	2회차	3회차	4회차	5회차
/25	/25	/25	/25	/25

⁷⁶ **participate**	☐☐☐☐☐	동	참여하다, 참가하다
⁷⁷ **prefecture**	☐☐☐☐☐	명	도(道), 도청
⁷⁸ **proof**	☐☐☐☐☐	명	증거, 증명
⁷⁹ **property**	☐☐☐☐☐	명	재산, 소유지, 특성
⁸⁰ **proverb**	☐☐☐☐☐	명	속담, 격언
⁸¹ **quarrel**	☐☐☐☐☐	명 말다툼, 싸움 동 말다툼하다
⁸² **release**	☐☐☐☐☐	동	풀어주다, 석방하다, 공표하다
⁸³ **reputation**	☐☐☐☐☐	명	평판, 명성
⁸⁴ **resign**	☐☐☐☐☐	동	사직하다, 사임하다
⁸⁵ **resolve**	☐☐☐☐☐	동 결심하다, 분해하다, 녹이다 명 결심
⁸⁶ **sophisticated**	☐☐☐☐☐	형	순진하지 않은, 지나치게 기교적인, 교양 있는
⁸⁷ **squeeze**	☐☐☐☐☐	동 짜내다, 압착하다 명 짜냄
⁸⁸ **statesman**	☐☐☐☐☐	명	정치가
⁸⁹ **stick**	☐☐☐☐☐	동 찌르다, 달라붙다 명 막대기, 지팡이
⁹⁰ **stock**	☐☐☐☐☐	명 재고, 주식, 가축 동 들여놓다, 비축하다
⁹¹ **temper**	☐☐☐☐☐	명	기질, 성질, 화
⁹² **term**	☐☐☐☐☐	명	기간, 용어, 조건
⁹³ **tide**	☐☐☐☐☐	명	조수, 조류, 풍조
⁹⁴ **treaty**	☐☐☐☐☐	명	조약, 협정
⁹⁵ **trunk**	☐☐☐☐☐	명	줄기, 간선, 트렁크
⁹⁶ **verbal**	☐☐☐☐☐	형	말의, 구두의
⁹⁷ **warn**	☐☐☐☐☐	동	경고하다, 예고하다
⁹⁸ **weigh**	☐☐☐☐☐	동	무게를 재다, 심사숙고하다
⁹⁹ **willing**	☐☐☐☐☐	형	기꺼이 ~하는, 자진해서 하는
¹⁰⁰ **worthwhile**	☐☐☐☐☐	형	할 보람이 있는, 가치 있는

★몰랐던 단어에 체크해 주세요

1회차	2회차	3회차	4회차	5회차
/25	/25	/25	/25	/25

❶ 형용사편

civil ❶	ⓐ 강제적인, 의무적인
compulsory ❷	ⓑ 외교의, 외교관의
conservative ❸	ⓒ 시민의, 민간의
considerable ❹	ⓓ 연방(정부)의, 연합의
diplomatic ❺	ⓔ 순진한, 죄 없는, 결백한
federal ❻	ⓕ 보수적인/보수주의자
illegal ❼	ⓖ 상당한, 고려할 만한, 중요한
innocent ❽	ⓗ 할 보람이 있는, 가치 있는
sophisticated ❾	ⓘ 순진하지 않은, 교양 있는
worthwhile ❿	ⓙ 불법적인, 위법의

❷ 형용사편

aggressive ❶	ⓐ 능력 있는, 유능한
alternative ❷	ⓑ 공격적인, 적극적인
brave ❸	ⓒ 분명한, 명백한
capable ❹	ⓓ 놀라운, 믿기 어려운
evident ❺	ⓔ 양자택일의, 대안의/대안
extinct ❻	ⓕ 용감한, 용기 있는
marvelous ❼	ⓖ 말의, 구두의
missing ❽	ⓗ 소멸된, 멸종된
verbal ❾	ⓘ 없어진, 행방불명의
willing ❿	ⓙ 기꺼이 ~하는, 자진해서 하는

❸ 동사편

accustom ❶	ⓐ 터뜨리다, 파열하다
adjust ❷	ⓑ 물에 빠져 죽다, 익사하다
burst ❸	ⓒ 조절하다, 맞추다
classify ❹	ⓓ 익숙해지다, 습관 들이다
drift ❺	ⓔ 결심하다, 분해하다, 녹이다
drown ❻	ⓕ 짜내다, 압착하다/짜냄
resolve ❼	ⓖ 분류하다, 등급으로 나누다
squeeze ❽	ⓗ 무게를 재다, 심사숙고하다
stick ❾	ⓘ 표류하다, 떠돌아다니다/표류
weight ❿	ⓙ 찌르다, 달라붙다/지팡이

❶1-c 2-a 3-f 4-g 5-b 6-d 7-j 8-e 9-i 10-h ❷1-b 2-e 3-f 4-a 5-c 6-h 7-d 8-i 9-g 10-j
❸1-d 2-c 3-a 4-g 5-i 6-b 7-e 8-f 9-j 10-h

4 동사편

apologize ❶	ⓐ 정복하다, 극복하다
appoint ❷	ⓑ 강요하다, 억지로 ~하게 하다
arrest ❸	ⓒ 사과하다, 변명하다
conquer ❹	ⓓ 풀어주다, 석방하다, 공표하다
interfere ❺	ⓔ 임명하다, 지정하다
oblige ❻	ⓕ 경고하다, 예고하다
participate ❼	ⓖ 체포하다, 검거하다
release ❽	ⓗ 참여하다, 참가하다
resign ❾	ⓘ 방해하다, 간섭하다
warn ❿	ⓙ 사직하다, 사임하다

5 동사편

amaze ❶	ⓐ 인정하다, 찬성하다. 승인하다.
approve ❷	ⓑ 놀라게 하다, 경탄하다
attend ❸	ⓒ 외치다, 소리치다
emigrate ❹	ⓓ 참석하다, 출석하다, 보살피다
exclaim ❺	ⓔ 이주하다,이민 가다
forgive ❻	ⓕ 용서하다, 탕감하다
gasp ❼	ⓖ 흘끗 봄, 일별/흘끗 보다
gaze ❽	ⓗ 헐떡거리다, 숨막히다/ 숨막힘
glimpse ❾	ⓘ 상처를 입히다, 부상시키다
injure ❿	ⓙ 뚫어지게 보다, 응시하다

6 명사편

circle ❶	ⓐ 원, 집단, 범위
equator ❷	ⓑ 은하수, 은하계
fossil ❸	ⓒ 적도
galaxy ❹	ⓓ 폐, 허파
grain ❺	ⓔ 산소
ground ❻	ⓕ 화석
lung ❼	ⓖ 줄기, 간선, 트렁크
oxygen ❽	ⓗ 곡물, 낟알, 미량
tide ❾	ⓘ 땅, 운동장, 근거, 이유
trunk ❿	ⓙ 조수, 조류, 풍조

❹1-c 2-e 3-g 4-a 5-i 6-b 7-h 8-d 9-j 10-f ❺1-b 2-a 3-d 4-e 5-c 6-f 7-h 8-j 9-g 10-i
❻1-a 2-c 3-f 4-b 5-h 6-i 7-d 8-e 9-j 10-g

7 명사편

ambassador ❶	ⓐ 쉬움, 편리, 편의시설
exception ❷	ⓑ 명성, 인기
facility ❸	ⓒ 제외, 예외
fame ❹	ⓓ 조약, 협정
lawyer ❺	ⓔ 대사, 사절
objection ❻	ⓕ 의회, 국회
parliament ❼	ⓖ 변호사, 법률가
property ❽	ⓗ 정치가
statesman ❾	ⓘ 재산, 소유지, 특성
treaty ❿	ⓙ 반대, 이의

8 명사편

assignment ❶	ⓐ 결과, 중요성
boundary ❷	ⓑ 숙제, 할당, 임명
consequence ❸	ⓒ 농작물, 수확량
crop ❹	ⓓ 기근, 굶주림, 고갈
excess ❺	ⓔ 경계(선), 한계
extent ❻	ⓕ 기간, 용어, 조건
famine ❼	ⓖ 범위, 정도, 크기
reputation ❽	ⓗ 재고, 주식, 가축/들여놓다
stock ❾	ⓘ 비축하다
term ❿	ⓙ 초과, 과잉, 지나침

9 명사편

authority ❶	ⓐ 감정, 감동
conscience ❷	ⓑ 권위, 권한, 당국
criminal ❸	ⓒ 양심
debt ❹	ⓓ 보험, 예방대책
emotion ❺	ⓔ 빚, 부채
evil ❻	ⓕ 범인, 범죄자/범죄의, 형법의
insurance ❼	ⓖ 기질, 성질, 화
proof ❽	ⓗ 나쁜, 사악한, 불길한/악, 해악
quarrel ❾	ⓘ 증거, 증명
temper ❿	ⓙ 말다툼, 싸움/말다툼하다

❼1-e 2-c 3-a 4-b 5-g 6-j 7-f 8-i 9-h 10-d　❽1-b 2-e 3-a 4-c 5-i 6-g 7-d 8-j 9-h 10-f
❾1-b 2-c 3-f 4-e 5-a 6-h 7-d 8-i 9-j 10-g

⑩ 형용사편

candidate ❶	ⓐ 경력, 직업
career ❷	ⓑ 단과대학, 전문대학
college ❸	ⓒ 교육, 훈련
dialect ❹	ⓓ 후보, 지원자
district ❺	ⓔ 사투리, 방언
education ❻	ⓕ 지역, 지구
manners ❼	ⓖ 속담, 격언
obstacle ❽	ⓗ 도(道), 도청
prefecture ❾	ⓘ 장애물, 방해
proverb ❿	ⓙ 풍습, 예절

Challenge Quiz
챌린지 퀴즈

다음의 단어의 설명으로서 적당한 것을 아래로부터 선택해 주세요.

☐ boundary (　) ☐ equator (　) ☐ proof (　)
☐ circle (　) ☐ fossil (　) ☐ reputation (　)
☐ dialect (　) ☐ galaxy (　) ☐ tide (　)

☐ a round shape like a ring or a wheel
☐ a line on maps around the middle of the world
☐ a very large group of stars and planets
☐ a part of a dead animal that has been in the ground for a very long time
☐ the movements of the sea toward the land and away from the land
☐ what people think or say about somebody
☐ a line separating two places
☐ facts that prove that something is true
☐ a form of one language that is spoken in one area

⑩1-d 2-a 3-b 4-e 5-f 6-c 7-j 8-i 9-h 10-g
【챌린지 퀴즈】 1-g 2-a 3-i 4-b 5-d 6-c 7-h 8-f 9-e

5C

당신은 이제 문장을
읽을 수 있다!

¹ **be accustomed to rising early**   일찍 일어나는 것이 습관이 되다

² **adjust the air conditioner**   에어컨을 조절하다

³ **an aggressive war**   침략전쟁

⁴ **alternative sources of energy**   대체 에너지 원

⁵ **I was amazed to hear the news.**   그 소식을 듣고 놀랐다.

⁶ **the U.S. Ambassador to Seoul**   서울 주재 미국대사

⁷ **He was willing to apologize.**   그는 기꺼이 사과했다.

⁸ **appoint an ambassador**   대사를 임명하다

⁹ **Parliament approved the budget.**   의회는 예산안을 승인했다.

¹⁰ **The police arrested him for being a spy.**   경찰은 간첩 혐의로 그를 체포했다.

¹¹ **carry out one's assignment**   자기 임무를 수행하다

¹² **attend classes**   수업에 출석하다

¹³ **the education authorities**   교육당국

¹⁴ **the boundary between two prefectures**   두 도 사이 경계

¹⁵ **A brave man saved the drowning child.**   용감한 남자가 물에 빠진 아이를 구했다.

¹⁶ **burst into tears**   눈물이 왈칵 쏟아지다

¹⁷ **an alternative candidate**   대체 후보

¹⁸ **He is a very capable lawyer.**   그는 매우 유능한 변호사다.

¹⁹ **a career diplomat**   직업 외교관

²⁰ **have a large circle of friends**   폭 넓은 교우 관계를 가지다

²¹ **a civil servant**   공무원

²² **classify the books by subject**   책을 주제별로 분류하다

²³ **graduate from college**   대학을 졸업하다

²⁴ **compulsory education**   의무교육

²⁵ **conquer the obstacles**   장애를 극복하다

26	**a matter of** conscience	양심의 문제
27	**weigh the consequences of a decision**	결정의 결과를 검토하다
28	**a candidate of the** Conservative **Party**	보수당 후보
29	**a considerable amount of money**	상당한 금액
30	**a criminal lawyer**	형사사건 변호사
31	**a grain crop**	곡물 수확
32	**Forgive us our debts.**	우리의 빚을 탕감해주시오.
33	**local dialect**	지방 사투리
34	**a conservative diplomatic policy**	보수적인 외교정책
35	**a federal district**	연방구역
36	**drift from one prefecture to another**	이 도에서 저 도로 떠돌아다니다
37	**The company is drowning in debt.**	그 회사는 빚의 수렁에 빠져 있다.
38	**complete one's education at college**	대학교육을 마치다
39	**emigrate from Korea to Canada**	한국에서 캐나다로 이주하다
40	**fight one's emotions**	감정을 억제하려고 노력하다
41	**cross the equator**	적도를 횡단하다
42	**an evident mistake**	명백한 잘못
43	**the root of all evil**	모든 악의 근원
44	**Every rule has its exception.**	모든 규칙에는 예외가 있다.
45	**the excesses of authority**	월권행위
46	**exclaim with joy**	기뻐서 소리를 지르다
47	**I was amazed at the extent of his knowledge.**	그의 지식의 넓이에 나는 놀랐다.
48	**The species is long extinct.**	그 종은 오래 전 멸종했다.
49	**He has considerable facility in writing.**	그는 글쓰기에 상당한 재능이 있다.
50	**obtain fame**	명성을 얻다

5C

당신은 이제 문장을
읽을 수 있다!

51 …… 75

51 **die of** famine	굶어죽다
52 **a federal** state	연방국가
53 **He forgave me the** debt.	그는 내 빚을 면제해 주었다.
54 **classify** fossils	화석을 분류하다
55 **observe a distant** galaxy	머나먼 은하계를 관찰하다
56 **The injured man gave a short** gasp.	다친 사람이 짧은 숨을 쉬었다.
57 **gaze into a mirror**	거울을 뚫어지게 보다
58 **obtain a glimpse of the truth**	진실의 일면을 보게 되다
59 **He trades in** grain.	그는 곡물을 매매한다.
60 **There are no grounds for a suit.**	소송을 할 이유가 없다.
61 **It's illegal to park here.**	여기 주차하는 것은 위법이다.
62 **injure a person's feelings**	사람의 감정을 상하게 하다
63 **kill innocent people**	죄없는 사람을 죽이다
64 **property insurance**	재산보험(손해보험)
65 **interfere in other people's business**	다른 사람의 일을 간섭하다
66 **a civil lawyer**	민사소송 변호사
67 **fill one's lungs with air**	폐로 공기를 들이다
68 **table manners**	식사 예절
69 **a marvelous discovery**	놀라운 발견
70 **a missing person**	실종자
71 **raise a verbal objections**	구두로 반대를 표명하다
72 **We are obliged to pay taxes.**	우리는 세금을 납부할 의무가 있다.
73 **remove an obstacle**	장애물을 제거하다
74 **liquid oxygen**	액화산소
75 **an Act of Parliament**	법령

76 **participate in a meeting**	회의에 참석하다
77 **Nagano[Osaka] Prefecture**	나가노현
78 **proof of the criminal's guilt**	범인의 유죄 증거
79 **federal property**	연방정부 재산
80 **as the proverb goes**	속담에 이르기를
81 **be involved in a quarrel**	말다툼에 말려들다
82 **release him from his debt**	그의 빚을 면제해 주다
83 **injure one's reputation**	명성을 훼손시키다
84 **Mr. Smith has resigned from his post.**	스미스 씨는 자신의 자리를 사직했다.
85 **a brave resolve**	용감한 결단
86 **sophisticated readers**	교양 있는 독자
87 **squeeze juice from an orange**	오렌지에서 주스를 짜다
88 **The statesman has resigned.**	그 정치가는 사임했다.
89 **Please stick to the point.**	요점에서 벗어나지 마라.
90 **The stocks have been declining.**	주식이 계속 내려갔다.
91 **have a bad temper**	성질이 나쁘다
92 **technical terms**	전문용어
93 **go against the tide**	세상 시류를 거스르다
94 **the terms of the treaty**	그 조약의 조건
95 **a trunk line**	간선, 본선
96 **a verbal promise**	말로 하는 약속
97 **He was warned against speeding.**	그는 속도 위반으로 경고를 받았다.
98 **weigh the claims of the rival candidates**	상대 후보의 주장을 비교 검토하다
99 **He is willing to sign the treaty.**	그는 기꺼이 그 조약에 서명한다.
100 **This is a worthwhile book.**	이것은 읽을 가치가 있는 책이다.

5D

마 무 리 체 크

1 ☐ crop	26 ☐ career	51 ☐ exclaim	76 ☐ authority
2 ☐ debt	27 ☐ circle	52 ☐ extinct	77 ☐ candidate
3 ☐ evil	28 ☐ excess	53 ☐ federal	78 ☐ education
4 ☐ fame	29 ☐ extent	54 ☐ forgive	79 ☐ exception
5 ☐ gasp	30 ☐ famine	55 ☐ glimpse	80 ☐ insurance
6 ☐ gaze	31 ☐ fossil	56 ☐ illegal	81 ☐ interfere
7 ☐ lung	32 ☐ galaxy	57 ☐ manners	82 ☐ marvelous
8 ☐ term	33 ☐ ground	58 ☐ missing	83 ☐ objection
9 ☐ tide	34 ☐ injure	59 ☐ proverb	84 ☐ statesman
10 ☐ warn	35 ☐ lawyer	60 ☐ quarrel	85 ☐ aggressive
11 ☐ amaze	36 ☐ oblige	61 ☐ release	86 ☐ ambassador
12 ☐ brave	37 ☐ oxygen	62 ☐ resolve	87 ☐ assignment
13 ☐ burst	38 ☐ resign	63 ☐ squeeze	88 ☐ compulsory
14 ☐ civil	39 ☐ temper	64 ☐ willing	89 ☐ conscience
15 ☐ drift	40 ☐ treaty	65 ☐ accustom	90 ☐ diplomatic
16 ☐ drown	41 ☐ verbal	66 ☐ boundary	91 ☐ parliament
17 ☐ grain	42 ☐ appoint	67 ☐ classify	92 ☐ prefecture
18 ☐ proof	43 ☐ approve	68 ☐ criminal	93 ☐ reputation
19 ☐ stick	44 ☐ capable	69 ☐ district	94 ☐ worthwhile
20 ☐ stock	45 ☐ college	70 ☐ emigrate	95 ☐ alternative
21 ☐ trunk	46 ☐ conquer	71 ☐ facility	96 ☐ consequence
22 ☐ weigh	47 ☐ dialect	72 ☐ innocent	97 ☐ participate
23 ☐ adjust	48 ☐ emotion	73 ☐ obstacle	98 ☐ conservative
24 ☐ arrest	49 ☐ equator	74 ☐ property	99 ☐ considerable
25 ☐ attend	50 ☐ evident	75 ☐ apologize	100 ☐ sophisticated

501····600

abandon	despise	local	relation
absorb	despite	market	religion
admire	discipline	measure	reply
affair	discovery	moral	result
aim	distance	moreover	scarcely
alike	divide	narrow	search
apply	domestic	nervous	seldom
approximate	duty	note	sensitive
association	encounter	oppose	separate
attract	expert	origin	shift
bear	explain	overcome	similar
beneath	faculty	passage	society
benefit	familiar	passion	solution
besides	fix	perceive	structure
capacity	gather	phenomenon	succeed
cease	imagination	philosophy	survive
citizen	imply	possess	suspect
climate	incident	practice	system
command	indeed	private	technique
compare	industry	profit	theory
conduct	infant	proportion	total
crisis	institution	race	vast
decision	instruction	range	whereas
defeat	labor	react	worry
definite	leisure	reflect	worth

1 **abandon**	☐☐☐☐☐	동	버리다, 포기하다
2 **absorb**	☐☐☐☐☐	동	흡수하다, 열중하다
3 **admire**	☐☐☐☐☐	동	감탄하다, 숭배하다
4 **affair**	☐☐☐☐☐	명	일, 사건, 업무
5 **aim**	☐☐☐☐☐	명 표적, 목적 동	겨냥하다, 의도하다
6 **alike**	☐☐☐☐☐	형 비슷한, 서로 같은 부	같게, 동등하게
7 **apply**	☐☐☐☐☐	동	적용하다, 응용하다, 지원서를 내다
8 **approximate**	☐☐☐☐☐	형	가까운, 대략의
9 **association**	☐☐☐☐☐	명	협회, 연합, 연상
10 **attract**	☐☐☐☐☐	동	끌어당기다, 매혹하다
11 **bear**	☐☐☐☐☐	동	낳다, 견디다, 몸에 지니다
12 **beneath**	☐☐☐☐☐	전	~의 바로 밑에, 바로 아래
13 **benefit**	☐☐☐☐☐	명	이익, 은혜, 수익
14 **besides**	☐☐☐☐☐	전	게다가, 그 위에
15 **capacity**	☐☐☐☐☐	명	능력, 수용력
16 **cease**	☐☐☐☐☐	동 그만두다, 중지하다 명	중지
17 **citizen**	☐☐☐☐☐	명	시민, 국민
18 **climate**	☐☐☐☐☐	명	기후, 풍토
19 **command**	☐☐☐☐☐	동 명령하다, 지휘하다 명	명령, 지휘
20 **compare**	☐☐☐☐☐	동	비교하다, 비유하다
21 **conduct**	☐☐☐☐☐	명 행위, 지휘 동	이끌다, 지휘하다
22 **crisis**	☐☐☐☐☐	명	위기, 중대국면
23 **decision**	☐☐☐☐☐	명	결정, 결심
24 **defeat**	☐☐☐☐☐	동 쳐부수다, 패배시키다 명	패배, 좌절
25 **definite**	☐☐☐☐☐	형	분명히 한정된, 명확한

★몰랐던 단어에 체크해 주세요

몇회차 만에 25단어가 외어지는지
체크해 주세요

1회차	2회차	3회차	4회차	5회차
/25	/25	/25	/25	/25

26	**despise**	☐☐☐☐☐	동 경멸하다, 멸시하다
27	**despite**	☐☐☐☐☐	전 ~에도 불구하고
28	**discipline**	☐☐☐☐☐	명 규율, 훈련, 단련
29	**discovery**	☐☐☐☐☐	명 발견
30	**distance**	☐☐☐☐☐	동 거리, 먼 곳
31	**divide**	☐☐☐☐☐	동 나누다, 분할하다
32	**domestic**	☐☐☐☐☐	형 가정의, 국내의
33	**duty**	☐☐☐☐☐	명 의무, 임무, 세금
34	**encounter**	☐☐☐☐☐	명 (우연히) 만남, 조우, 교전 동 조우하다, 마주치다
35	**expert**	☐☐☐☐☐	동 전문가, 숙련자
36	**explain**	☐☐☐☐☐	동 설명하다, 분명하게 하다
37	**faculty**	☐☐☐☐☐	명 능력, 기능, 교직원
38	**familiar**	☐☐☐☐☐	형 익숙한, 잘 알고 있는, 친한
39	**fix**	☐☐☐☐☐	동 고정시키다, 수리하다
40	**gather**	☐☐☐☐☐	동 모으다, 불리다, 수집하다
41	**imagination**	☐☐☐☐☐	명 상상, 공상
42	**imply**	☐☐☐☐☐	동 의미하다, 함축하다
43	**incident**	☐☐☐☐☐	명 우발적 사건, 일어난 일
44	**indeed**	☐☐☐☐☐	부 실로, 참으로, 정말로
45	**industry**	☐☐☐☐☐	명 산업, 공업
46	**infant**	☐☐☐☐☐	명 유아, 아동 형 유아의
47	**institution**	☐☐☐☐☐	명 협회, 단체, 기관, 설립
48	**instruction**	☐☐☐☐☐	명 교수, 교육, 지시
49	**labor**	☐☐☐☐☐	명 노동, 일 동 일하다, 애쓰다
50	**leisure**	☐☐☐☐☐	명 여가, 한가한 시간

★몰랐던 단어에 체크해 주세요

1회차	2회차	3회차	4회차	5회차
/25	/25	/25	/25	/25

51	**local**	☐☐☐☐☐	형 지방의, 지역의
52	**market**	☐☐☐☐☐	명 시장, 판로
53	**measure**	☐☐☐☐☐	명 측정, 측정기구 동 재다, 측정하다
54	**moral**	☐☐☐☐☐	형 도덕적인, 윤리상의 명 도덕, 교훈
55	**moreover**	☐☐☐☐☐	부 게다가, 더욱이
56	**narrow**	☐☐☐☐☐	형 폭이 좁은, 한정된
57	**nervous**	☐☐☐☐☐	형 신경질의, 안절부절 못하는
58	**note**	☐☐☐☐☐	명 기록, 메모, 주석
59	**oppose**	☐☐☐☐☐	동 반대하다, 대항하다
60	**origin**	☐☐☐☐☐	명 기원, 발단, 유래
61	**overcome**	☐☐☐☐☐	동 이겨내다, 극복하다
62	**passage**	☐☐☐☐☐	명 통행, 통로, 절(節)
63	**passion**	☐☐☐☐☐	명 감정, 열정
64	**perceive**	☐☐☐☐☐	동 지각하다, 감지하다
65	**phenomenon**	☐☐☐☐☐	명 현상
66	**philosophy**	☐☐☐☐☐	명 철학, 인생관
67	**possess**	☐☐☐☐☐	동 소유하다, 가지다, 지니다
68	**practice**	☐☐☐☐☐	동 연습하다, 실행하다 명 연습, 습관
69	**private**	☐☐☐☐☐	형 사적인, 사립의, 민간의
70	**profit**	☐☐☐☐☐	명 이익, 이윤
71	**proportion**	☐☐☐☐☐	명 비율, 몫, 균형
72	**race**	☐☐☐☐☐	명 인종, 종족, 경주
73	**range**	☐☐☐☐☐	명 열, 줄, 범위 동 정렬하다, 가지런히 하다
74	**react**	☐☐☐☐☐	동 반응하다, 반작용하다
75	**reflect**	☐☐☐☐☐	동 반사하다, 반영하다, 숙고하다

★몰랐던 단어에 체크해 주세요

몇회차 만에 25단어가 외어지는지
체크해 주세요

1회차	2회차	3회차	4회차	5회차
/25	/25	/25	/25	/25

76 **relation**	☐☐☐☐☐	명 관계, 관련
77 **religion**	☐☐☐☐☐	명 종교
78 **reply**	☐☐☐☐☐	통 대답하다, 응답하다 명 대답, 회답
79 **result**	☐☐☐☐☐	명 결과, 성적 통 결과로서 생기다
80 **scarcely**	☐☐☐☐☐	부 거의 ~ 않다, 간신히, 겨우
81 **search**	☐☐☐☐☐	통 찾다, 수색하다 명 수색, 조사
82 **seldom**	☐☐☐☐☐	부 드물게, 좀처럼 ~ 하지 않다
83 **sensitive**	☐☐☐☐☐	형 민감한, 예민한
84 **separate**	☐☐☐☐☐	통 분리하다, 가르다 형 분리된, 독립된
85 **shift**	☐☐☐☐☐	통 옮기다, 바꾸다 명 변화, 교대
86 **similar**	☐☐☐☐☐	형 비슷한, 유사한
87 **society**	☐☐☐☐☐	명 사회, 모임, 사교
88 **solution**	☐☐☐☐☐	명 해결, 해답
89 **structure**	☐☐☐☐☐	명 구조, 조직
90 **succeed**	☐☐☐☐☐	통 성공하다, 계승하다
91 **survive**	☐☐☐☐☐	통 살아남다, 생존하다
92 **suspect**	☐☐☐☐☐	통 의심하다, ~이 아닌가 생각하다
93 **system**	☐☐☐☐☐	명 체계, 조직, 제도
94 **technique**	☐☐☐☐☐	명 기술, 기교
95 **theory**	☐☐☐☐☐	명 이론, 원리
96 **total**	☐☐☐☐☐	형 전체의, 총계의, 전적인 명 총계
97 **vast**	☐☐☐☐☐	형 넓은, 방대한, 거대한
98 **whereas**	☐☐☐☐☐	접 그런데, 반면에
99 **worry**	☐☐☐☐☐	통 걱정하다, 염려하다
100 **worth**	☐☐☐☐☐	형 ~의 가치가 있는, ~할 만한 명 가치

★몰랐던 단어에 체크해 주세요

1회차	2회차	3회차	4회차	5회차
/25	/25	/25	/25	/25

1 형용사편

definite ❶	ⓐ 익숙한, 잘 알고 있는, 친한
domestic ❷	ⓑ 폭이 좁은, 한정된
familiar ❸	ⓒ 분명히 한정된, 명확한
local ❹	ⓓ 신경질의, 안절부절 못하는
narrow ❺	ⓔ 비슷한, 유사한
nervous ❻	ⓕ 가정의, 국내의
private ❼	ⓖ 넓은, 방대한, 거대한
sensitive ❽	ⓗ 지방의, 지역의
similar ❾	ⓘ 사적인, 사립의, 민간의
vast ❿	ⓙ 민감한, 예민한

2 동사편

apply ❶	ⓐ 명령하다, 지휘하다/명령
command ❷	ⓑ 나누다, 분할하다
divide ❸	ⓒ 소유하다, 가지다, 지니다
explain ❹	ⓓ 적용하다, 응용하다
fix ❺	ⓔ 찾다, 수색하다/수색, 조사
gather ❻	ⓕ 옮기다, 바꾸다/변화, 교대
possess ❼	ⓖ 설명하다, 분명하게 하다
search ❽	ⓗ 분리하다/분리된, 독립된
separate ❾	ⓘ 고정시키다, 수리하다
shift ❿	ⓙ 모으다, 불리다, 수집하다

3 동사편

absorb ❶	ⓐ 끌어당기다, 매혹하다
admire ❷	ⓑ 경멸하다, 멸시하다
attract ❸	ⓒ 비교하다, 비유하다
compare ❹	ⓓ 흡수하다, 열중하다
defeat ❺	ⓔ 지각하다, 감지하다
despise ❻	ⓕ 감탄하다, 숭배하다
perceive ❼	ⓖ 반사하다, 숙고하다
reflect ❽	ⓗ 의심하다
suspect ❾	ⓘ 걱정하다, 염려하다
worry ❿	ⓙ 쳐부수다/패배, 좌절

❶1-c 2-f 3-a 4-h 5-b 6-d 7-i 8-j 9-e 10-g ❷1-d 2-a 3-b 4-g 5-i 6-j 7-c 8-e 9-h 10-f
❸1-d 2-f 3-a 4-c 5-j 6-b 7-e 8-g 9-h 10-i

6B

4 동사편

abandon ❶	ⓐ 낳다, 견디다, 몸에 지니다
bear ❷	ⓑ 버리다, 포기하다
cease ❸	ⓒ 의미하다, 함축하다
imply ❹	ⓓ 이겨내다, 극복하다
oppose ❺	ⓔ 대답하다/대답, 회답
overcome ❻	ⓕ 성공하다, 계승하다
react ❼	ⓖ 그만두다, 중지하다/중지
reply ❽	ⓗ 반응하다, 반작용하다
succeed ❾	ⓘ 반대하다, 대항하다
survive ❿	ⓙ 살아남다, 생존하다

5 명사편

association ❶	ⓐ 도덕상의, 윤리상의/교훈
conduct ❷	ⓑ 협회, 단체, 기관, 설립
discipline ❸	ⓒ 협회, 연합, 연상
institution ❹	ⓓ 연습하다, 실행하다/습관
moral ❺	ⓔ 체계, 조직, 제도
practice ❻	ⓕ 행위, 지휘/이끌다
society ❼	ⓖ 구조, 조직
structure ❽	ⓗ 규율, 훈련, 단련
system ❾	ⓘ 이론, 원리
theory ❿	ⓙ 사회, 모임, 사교

6 명사편

affair ❶	ⓐ 전문가, 숙련자
crisis ❷	ⓑ 우발적 사건, 일어난 일
discovery ❸	ⓒ 교수, 교육, 지시
encounter ❹	ⓓ 위기, 중대국면
expert ❺	ⓔ 일, 사건, 업무
incident ❻	ⓕ 통행, 통로, 절(節)
instruction ❼	ⓖ 발견
origin ❽	ⓗ 현상
passage ❾	ⓘ 기원, 발단, 유래
phenomenon ❿	ⓙ (우연히) 만남, 조우, 교전

❹1-b 2-a 3-g 4-c 5-h 6-d 7-i 8-e 9-f 10-j ❺1-c 2-f 3-h 4-b 5-a 6-d 7-j 8-g 9-e 10-i
❻1-e 2-d 3-g 4-j 5-a 6-b 7-c 8-i 9-f 10-h

6B

7 명사편

aim ❶	ⓐ 결정, 결심
benefit ❷	ⓑ 표적, 목적/의도하다
relation ❸	ⓒ 이익, 은혜, 수익
decision ❹	ⓓ 이익, 이윤
profit ❺	ⓔ 관계, 관련
proportion ❻	ⓕ 관계, 교제
result ❼	ⓖ 비율, 몫, 균형
solution ❽	ⓗ 전체의, 전적인/총계
total ❾	ⓘ ~의 가치가 있는, ~할 만한
worth ❿	ⓙ 해결, 해답

8 명사편

capacity ❶	ⓐ 산업, 공업
duty ❷	ⓑ 의무, 임무, 세금
faculty ❸	ⓒ 여가, 한가한 시간
industry ❹	ⓓ 능력, 수용력
labor ❺	ⓔ 기록, 메모, 주석
leisure ❻	ⓕ 능력, 기능, 교직원
market ❼	ⓖ 시장, 판로
note ❽	ⓗ 기술, 기교
range ❾	ⓘ 노동, 일/애쓰다
technique ❿	ⓙ 열, 줄, 범위/가지런히 하다

9 명사편

citizen ❶	ⓐ 상상, 공상
climate ❷	ⓑ 시민, 국민
distance ❸	ⓒ 기후, 풍토
imagination ❹	ⓓ 철학, 인생관
infant ❺	ⓔ 인종, 종족, 경주
measure ❻	ⓕ 거리, 먼 곳
passion ❼	ⓖ 측정, 측정기구/재다
philosophy ❽	ⓗ 종교
race ❾	ⓘ 유아, 아동/유아의
religion ❿	ⓙ 감정, 열정

---

❼1-b 2-c 3-f 4-a 5-d 6-g 7-e 8-j 9-h 10-i **❽**1-d 2-b 3-f 4-a 5-i 6-c 7-g 8-e 9-j 10-h
❾1-b 2-c 3-f 4-a 5-i 6-g 7-j 8-d 9-e 10-h

10 부사etc

alike ❶
approximate ❷
beneath ❸
besides ❹
despite ❺
indeed ❻
moreover ❼
scarcely ❽
seldom ❾
whereas ❿

ⓐ 가까운, 대략의, 접근하다
ⓑ ~의 바로 밑에, 바로 아래
ⓒ 비슷한, 서로 같은/ 같게
ⓓ 거의 ~ 않다, 간신히, 겨우
ⓔ 그런데, 반면에, 그러나
ⓕ ~에도 불구하고
ⓖ 드물게, 좀처럼 ~하지 않다
ⓗ 게다가, 그 위에
ⓘ 게다가, 더욱이
ⓙ 실로, 참으로, 정말로

챌린지 퀴즈
Challenge Quiz

다음의 단어의 설명으로서 적당한 것을 아래로부터 선택해 주세요.

☐ **association** (　　) ☐ **imagination** (　　) ☐ **passage** (　　)
☐ **crisis** 　　(　　) ☐ **moral** 　　(　　) ☐ **solution** (　　)
☐ **distance** 　(　　) ☐ **origin** 　　(　　) ☐ **theory** 　(　　)

☐ a time of great danger, difficulty and anxiety
☐ a society of people joined together for a particular purposes
☐ an idea that tries to explain something
☐ a lesson about what is right and wrong
☐ the start of something
☐ the answer to a problem or question
☐ the amount of space between two places
☐ the power to imagine things
☐ a long, narrow way through something

❿1-c 2-a 3-b 4-h 5-f 6-j 7-i 8-d 9-g 10-e
【챌린지 퀴즈】 1-b 2-a 3-g 4-h 5-d 6-e 7-i 8-f 9-c

1 **an abandoned child** 버려진 아이

2 **be absorbed in thought** 생각에 빠져 있다

3 **I admire your technique.** 당신의 재주에 감탄했습니다.

4 **domestic affairs** 집안일

5 **He aimed a searching look at me.** 그는 나에게 탐색의 눈길을 겨누었다.

6 **treat all students alike** 모든 학생을 동등하게 대하다

7 **apply the rule to a case** 어떤 경우에 규칙을 적용하다

8 **an approximate value** 근사값

9 **the association of ideas** 관념연합, 연상(聯想)

10 **attract his attention** 그의 관심을 끌다

11 **This theory doesn't bear close examination.** 이 이론은 엄밀한 시험을 할 필요가 없다.

12 **His conduct is beneath notice.** 그의 행위는 주목할 가치가 없다.

13 **benefit association** 상조회

14 **Who survived besides him?** 그 사람 외에 누가 살았지?

15 **measure his lung capacity** 그의 폐활량을 측정하다

16 **The factory ceased production.** 그 공장은 생산을 멈추었다.

17 **a private citizen** 민간인

18 **a moderate climate** 온화한 기후

19 **a divine command** 신의 명령

20 **compare the two systems** 두 제도를 비교하다

21 **one's moral conduct** 자신의 도덕적 행위

22 **a domestic crisis** 국내 위기

23 **come to a definite decision** 확실한 결정에 이르다, 확정하다

24 **a total defeat** 완전한 패배

25 **The police were not definite in their reply.** 경찰은 답변이 명확하지 않았다.

²⁶ **I despised lying about my religion.**   나는 신앙에 대해 거짓말하는 것이 싫었다.

²⁷ **despite what she said**   그녀가 무슨 말을 한다 해도

²⁸ **maintain discipline**   규율을 유지하다

²⁹ **the discovery that the earth is round**   지구가 둥글다는 사실의 발견

³⁰ **measure the distance between two stars**   두 별 사이 거리를 측정하다

³¹ **divide profits between partners**   동업자간에 이익을 나누다

³² **domestic violence**   가정 폭력

³³ **housewives' domestic duties**   주부들의 가정 내 의무

³⁴ **encounter obstacles**   장애를 만나다

³⁵ **an expert of foreign affairs**   외교 전문가

³⁶ **Can you explain your conduct?**   너의 행위를 설명해 주겠니?

³⁷ **possess the faculty of memory**   기억 능력을 소유하다

³⁸ **He is familiar with this theory.**   그는 이 이론에 정통하다.

³⁹ **an attempt to fix English spelling**   영어 철자를 고정시키려는 노력

⁴⁰ **gather a good supply of material**   충분한 양의 재료를 모으다

⁴¹ **Use your imagination.**   상상력을 활용하라.

⁴² **What are you implying?**   당신이 말하고자 하는 것이 무엇입니까?

⁴³ **become involved in an incident**   어떤 사건에 연루되다

⁴⁴ **The discovery was shocking indeed.**   그 발견은 정말 충격적이었다.

⁴⁵ **labor and industry**   노사(勞使)

⁴⁶ **an infant industry**   초보 단계의 산업

⁴⁷ **a profit-making institution**   영리단체

⁴⁸ **Instruction is conducted in English here.**   여기서는 수업이 영어로 진행된다.

⁴⁹ **local labor**   지역 노동력

⁵⁰ **obtain a little leisure**   잠깐의 여가를 얻다

6C

당신은 이제 문장을 읽을 수 있다 !

51 ⋯⋯⋯ 75

⁵¹ **local[long-distance] call** — 시내 통화 (장거리 통화)

⁵² **domestic markets for Japanese cars** — 일본 차의 국내시장

⁵³ **They measure distance in miles.** — 그들은 마일로 거리를 나타낸다.

⁵⁴ **as a society's morals change** — 사회의 도덕이 변화함에 따라

⁵⁵ **He sings well; moreover, he is handsome.** — 그는 노래를 잘한다, 게다가 잘생겼다.

⁵⁶ **activity within narrow limits** — 좁은 범위 내 활동

⁵⁷ **Don't be so nervous about the result.** — 그 결과에 너무 신경쓰지 마라.

⁵⁸ **They take notes during classes.** — 그들은 수업 중에 필기를 한다.

⁵⁹ **oppose the passage of a bill** — 법안의 통과를 반대하다

⁶⁰ **explain the origins of civilization** — 문명의 기원을 설명하다

⁶¹ **overcome difficulties** — 어려움을 극복하다

⁶² **a narrow passage** — 좁은 통로

⁶³ **His passion overcame his reason.** — 그의 열정이 이성을 압도했다.

⁶⁴ **perceive a light in the distance** — 저 멀리 빛을 감지하다

⁶⁵ **explain a phenomenon in scientific terms** — 과학용어로 어떤 현상을 설명하다

⁶⁶ **the philosophy of religion** — 종교철학

⁶⁷ **He possesses great talent.** — 그는 대단한 재능을 가지고 있다.

⁶⁸ **Theory is useless without practice.** — 이론은 실천이 없으면 소용없다.

⁶⁹ **private institutions** — 사립기관

⁷⁰ **a not-for-profit school** — 영리 목적이 아닌 학교

⁷¹ **a small proportion of the profits** — 이익의 작은 몫

⁷² **a race problem** — 인종문제

⁷³ **a narrow range of choices** — 좁은 선택의 폭

⁷⁴ **They reacted with anger to my decision.** — 그는 나의 결정에 화로써 반응했다.

⁷⁵ **a reflecting telescope** — 반사 망원경

86 501 ⋯⋯⋯ 600

76 **race** relations	인종관계
77 **separate** the state and religion	정부와 종교를 분리하다
78 **reply** to a demand	요구에 응답하다
79 Cause and result **react** upon each other.	원인과 결과는 상호 작용한다.
80 There is **scarcely** any time left.	시간이 거의 남아있지 않다.
81 **search** a house for evidence	증거를 찾아 가택을 수색하다
82 He **seldom** goes to church.	그는 아주 드물게 교회에 나간다.
83 a **sensitive** child	감수성이 예민한 아이
84 **separate** **theory** from **practice**	이론과 실천을 분리하다
85 an eight-hour **shift**	8시간 교대제
86 **similar** figures	닮은꼴
87 the **structure** of modern society	현대사회의 구조
88 **apply** a solution	해결책을 실제로 적용하다
89 a **command** structure	명령계통
90 He succeeded in making the **discovery**.	그는 그 발견에 성공했다.
91 The **institution** still **survives**.	그 제도는 여전히 건재하다.
92 I **suspected** that he was involved.	그가 관련된 것으로 나는 생각했다.
93 The **solution** is to change the **system**.	해결책은 제도를 바꾸는 것이다.
94 **apply** a new technique in **industry**	신기술을 산업에 응용하다
95 the **theory** of survival of the fittest	적자생존 이론
96 **total** profits	총이익
97 the **vast** problems of modern **society**	현대사회의 광범한 문제들
98 **Whereas** water is liquid, ice is solid.	물이 액체인 반면, 얼음은 고체다.
99 **Don't worry** about the cost.	비용은 걱정하지 마라.
100 This **phenomenon** is worth observing.	이 현상은 관찰할 필요가 있다.

1 ☐ fix	26 ☐ defeat	51 ☐ conduct	76 ☐ incident
2 ☐ aim	27 ☐ divide	52 ☐ despise	77 ☐ industry
3 ☐ bear	28 ☐ expert	53 ☐ despite	78 ☐ moreover
4 ☐ duty	29 ☐ gather	54 ☐ explain	79 ☐ overcome
5 ☐ note	30 ☐ indeed	55 ☐ faculty	80 ☐ perceive
6 ☐ race	31 ☐ infant	56 ☐ leisure	81 ☐ practice
7 ☐ vast	32 ☐ market	57 ☐ measure	82 ☐ relation
8 ☐ alike	33 ☐ narrow	58 ☐ nervous	83 ☐ religion
9 ☐ apply	34 ☐ oppose	59 ☐ passage	84 ☐ scarcely
10 ☐ cease	35 ☐ origin	60 ☐ passion	85 ☐ separate
11 ☐ imply	36 ☐ profit	61 ☐ possess	86 ☐ solution
12 ☐ labor	37 ☐ result	62 ☐ private	87 ☐ encounter
13 ☐ local	38 ☐ search	63 ☐ reflect	88 ☐ discovery
14 ☐ moral	39 ☐ seldom	64 ☐ similar	89 ☐ sensitive
15 ☐ range	40 ☐ system	65 ☐ society	90 ☐ structure
16 ☐ react	41 ☐ theory	66 ☐ succeed	91 ☐ technique
17 ☐ reply	42 ☐ abandon	67 ☐ survive	92 ☐ discipline
18 ☐ shift	43 ☐ attract	68 ☐ suspect	93 ☐ phenomenon
19 ☐ total	44 ☐ beneath	69 ☐ whereas	94 ☐ philosophy
20 ☐ worry	45 ☐ benefit	70 ☐ capacity	95 ☐ proportion
21 ☐ worth	46 ☐ besides	71 ☐ decision	96 ☐ approximate
22 ☐ absorb	47 ☐ citizen	72 ☐ definite	97 ☐ association
23 ☐ admire	48 ☐ climate	73 ☐ distance	98 ☐ imagination
24 ☐ affair	49 ☐ command	74 ☐ domestic	99 ☐ institution
25 ☐ crisis	50 ☐ compare	75 ☐ familiar	100 ☐ instruction

601····700

account	distinguish	invent	respond
acquaintance	embarrass	isolate	reverse
aid	emerge	issue	right
argue	employ	main	rural
atmosphere	extend	manner	satisfaction
blood	extreme	method	scholar
bore	feed	million	slight
brain	fit	notion	sound
branch	freedom	novel	spirit
case	frighten	obscure	stretch
complicated	fundamental	opinion	suitable
conflict	genuine	peculiar	surround
confuse	glance	poetry	taste
constant	growth	prejudice	tend
convince	habit	press	tribe
courage	huge	principal	trust
deal	humor	public	unfortunate
delight	ideal	purchase	unique
democracy	impression	rate	utter
deny	indicate	reality	vary
destruction	inform	relate	vital
device	inherit	remarkable	vocabulary
devote	insect	remind	wealth
disease	insist	remote	weapon
display	interest	represent	worship

¹ **account**	☐☐☐☐☐	명 이유, 예금계좌, 계산서 동 설명하다
² **acquaintance**	☐☐☐☐☐	명 아는 사람, 면식
³ **aid**	☐☐☐☐☐	동 돕다, 원조하다 명 원조
⁴ **argue**	☐☐☐☐☐	동 토론하다, 주장하다
⁵ **atmosphere**	☐☐☐☐☐	명 분위기, 대기, 환경
⁶ **blood**	☐☐☐☐☐	명 피, 혈액, 혈통
⁷ **bore**	☐☐☐☐☐	동 따분하게 하다, (구멍을) 뚫다 명 따분하게 하는 것
⁸ **brain**	☐☐☐☐☐	명 뇌, 두뇌, 지능
⁸ **branch**	☐☐☐☐☐	명 나뭇가지, 지점, 분야
¹⁰ **case**	☐☐☐☐☐	명 경우, 사건, 상자
¹¹ **complicated**	☐☐☐☐☐	형 복잡한, 풀기 어려운
¹² **conflict**	☐☐☐☐☐	명 투쟁, 충돌, 상충 동 충돌하다
¹³ **confuse**	☐☐☐☐☐	동 혼동하다, 혼란스럽게 하다
¹⁴ **constant**	☐☐☐☐☐	형 불변의, 끊임없이 계속되는
¹⁵ **convince**	☐☐☐☐☐	동 확신시키다, 납득시키다
¹⁶ **courage**	☐☐☐☐☐	명 용기, 담력, 배짱
¹⁷ **deal**	☐☐☐☐☐	동 다루다, 처리하다, 나누어주다 명 거래, 협정
¹⁸ **delight**	☐☐☐☐☐	명 기쁨, 즐거움 동 즐기다
¹⁸ **democracy**	☐☐☐☐☐	명 민주주의
²⁰ **deny**	☐☐☐☐☐	동 부인하다, 거절하다
²¹ **destruction**	☐☐☐☐☐	명 파괴
²² **device**	☐☐☐☐☐	명 장치, 고안
²³ **devote**	☐☐☐☐☐	동 바치다, 헌신하다
²⁴ **disease**	☐☐☐☐☐	명 병, 질병
²⁵ **display**	☐☐☐☐☐	동 진열하다, 전시하다 명 전시, 표시

★몰랐던 단어에 체크해 주세요

1회차	2회차	3회차	4회차	5회차
╱25	╱25	╱25	╱25	╱25

몇회차 만에 25단어가 외어지는지
체크해 주세요

26 **distinguish** ☐☐☐☐☐	동	구별하다, 두드러지게 하다
27 **embarrass** ☐☐☐☐☐	동	어리둥절하게 하다, 난처하게 하다
28 **emerge** ☐☐☐☐☐	동	나오다, 나타나다
29 **employ** ☐☐☐☐☐	동	고용하다, 채용하다
30 **extend** ☐☐☐☐☐	동	뻗다, 연장하다, 확장하다
31 **extreme** ☐☐☐☐☐	형 극단의, 과격한 명 극단, 과도
32 **feed** ☐☐☐☐☐	동 먹이다, 양육하다, 공급하다 명 먹이
33 **fit** ☐☐☐☐☐	형 적당한, 알맞은 동 꼭 맞다, 적합하다
34 **freedom** ☐☐☐☐☐	명	자유, 해방, 면제
35 **frighten** ☐☐☐☐☐	동	깜짝 놀라게 하다, 두렵게 하다
36 **fundamental** ☐☐☐☐☐	형	기본적인, 근본적인
37 **genuine** ☐☐☐☐☐	형	진짜의, 진품의
38 **glance** ☐☐☐☐☐	명 흘끗 봄, 일별 동 흘끗 보다
39 **growth** ☐☐☐☐☐	명	성장, 발전, 증가
40 **habit** ☐☐☐☐☐	명	습관, 버릇
41 **huge** ☐☐☐☐☐	형	거대한, 막대한
42 **humor** ☐☐☐☐☐	명	유머, 익살, 기분
43 **ideal** ☐☐☐☐☐	형 이상적인, 관념적인 명 이상, 전형
44 **impression** ☐☐☐☐☐	명	인상, 감동
45 **indicate** ☐☐☐☐☐	동	가리키다, 지시하다
46 **inform** ☐☐☐☐☐	동	알리다, 통지하다
47 **inherit** ☐☐☐☐☐	동	상속하다, 물려받다
48 **insect** ☐☐☐☐☐	명	곤충
49 **insist** ☐☐☐☐☐	동	주장하다, 요구하다, 고집하다
50 **interest** ☐☐☐☐☐	명 흥미, 관심, 이익 동 흥미를 유발하다

★몰랐던 단어에 체크해 주세요

1회차	2회차	3회차	4회차	5회차
/25	/25	/25	/25	/25

51 **invent**	☐☐☐☐☐	동 발명하다, 창안하다
52 **isolate**	☐☐☐☐☐	동 고립시키다, 격리하다
53 **issue**	☐☐☐☐☐	명 발행, 문제 동 발행하다, 지급하다
54 **main**	☐☐☐☐☐	형 주요한, 주된
55 **manner**	☐☐☐☐☐	명 태도, 방법
56 **method**	☐☐☐☐☐	명 방법, 방식
57 **million**	☐☐☐☐☐	명 백만, 다수
58 **notion**	☐☐☐☐☐	명 관념, 개념, 생각
59 **novel**	☐☐☐☐☐	명 소설 형 새로운, 신기한
60 **obscure**	☐☐☐☐☐	형 모호한, 분명치 않은
61 **opinion**	☐☐☐☐☐	명 의견, 견해
62 **peculiar**	☐☐☐☐☐	형 특이한, 독특한
63 **poetry**	☐☐☐☐☐	명 시, 시가
64 **prejudice**	☐☐☐☐☐	명 편견, 선입관
65 **press**	☐☐☐☐☐	동 누르다, 압박하다 명 압박, 신문
66 **principal**	☐☐☐☐☐	명 교장, 회장 형 주요한, 주된
67 **public**	☐☐☐☐☐	형 공공의, 대중의 명 대중
68 **purchase**	☐☐☐☐☐	명 구매, 구입품 동 사다, 구입하다
69 **rate**	☐☐☐☐☐	명 비율, 요금 동 평가하다
70 **reality**	☐☐☐☐☐	명 현실성, 사실
71 **relate**	☐☐☐☐☐	동 관련시키다, 이야기하다
72 **remarkable**	☐☐☐☐☐	형 주목할 만한, 현저한
73 **remind**	☐☐☐☐☐	동 생각나게 하다, 상기시키다
74 **remote**	☐☐☐☐☐	형 먼, 멀리 떨어진
75 **represent**	☐☐☐☐☐	동 대표하다, 나타내다, 표현하다

★몰랐던 단어에 체크해 주세요

몇회차 만에 25단어가 외어지는지
체크해 주세요

1회차	2회차	3회차	4회차	5회차
╱25	╱25	╱25	╱25	╱25

76 respond	☐☐☐☐☐	동 대답하다, 반응하다
77 reverse	☐☐☐☐☐	명 역, 반대 형 거꾸로의, 역의 동 거꾸로 하다
78 right	☐☐☐☐☐	명 권리, 정의, 오른편 형 정당한, 오른쪽의
79 rural	☐☐☐☐☐	형 시골의, 농촌의
80 satisfaction	☐☐☐☐☐	명 만족, 만족을 주는 것
81 scholar	☐☐☐☐☐	명 학자, 장학생
82 slight	☐☐☐☐☐	형 약간의, 가벼운, 대단치 않은
83 sound	☐☐☐☐☐	명 소리 동 소리가 나다 형 건전한
84 spirit	☐☐☐☐☐	명 정신, 기분, 영혼
85 stretch	☐☐☐☐☐	동 뻗다, 쭉 펴다
86 suitable	☐☐☐☐☐	형 적당한, 알맞은
87 surround	☐☐☐☐☐	동 둘러싸다, 포위하다
88 taste	☐☐☐☐☐	명 맛, 취미, 기호 동 맛보다, ~한 맛이 나다
89 tend	☐☐☐☐☐	동 ~하는 경향이 있다, ~ 하기 쉽다, 돌보다
90 tribe	☐☐☐☐☐	명 부족, 종족
91 trust	☐☐☐☐☐	동 신뢰하다, 맡기다 명 신용, 위탁
92 unfortunate	☐☐☐☐☐	형 불행한, 불운한
93 unique	☐☐☐☐☐	형 유일한, 독특한 명 하나뿐인 것
94 utter	☐☐☐☐☐	동 말하다, 발언하다 형 완전한, 철저한
95 vary	☐☐☐☐☐	동 다르다, 변화하다
96 vital	☐☐☐☐☐	형 생명의, 치명적인, 극히 중요한
97 vocabulary	☐☐☐☐☐	명 어휘, 단어집
98 wealth	☐☐☐☐☐	명 부, 재산
99 weapon	☐☐☐☐☐	명 무기, 병기
100 worship	☐☐☐☐☐	명 숭배, 예배 동 숭배하다

★몰랐던 단어에 체크해 주세요

1회차	2회차	3회차	4회차	5회차
/25	/25	/25	/25	/25

7B 퀴즈로 달성도 체크 1······30

1 형용사편

complicated ❶	ⓐ 주요한, 주된
extreme ❷	ⓑ 거대한, 막대한
fit ❸	ⓒ 극단의, 과격한/극단, 과도
huge ❹	ⓓ 복잡한, 풀기 어려운
main ❺	ⓔ 먼, 멀리 떨어진
obscure ❻	ⓕ 적당한, 알맞은
remote ❼	ⓖ 적당한, 알맞은/적합하다
slight ❽	ⓗ 불행한, 불운한
suitable ❾	ⓘ 모호한, 분명치 않은
unfortunate ❿	ⓙ 약간의, 대단치 않은

2 형용사편

constant ❶	ⓐ 진짜의, 진품의
fundamental ❷	ⓑ 불변의, 끊임없이 계속되는
genuine ❸	ⓒ 이상적인, 관념적인/이상
ideal ❹	ⓓ 공공의, 대중의/대중
peculiar ❺	ⓔ 주목할 만한, 현저한
public ❻	ⓕ 기본적인, 근본적인
remarkable ❼	ⓖ 시골의, 농촌의
rural ❽	ⓗ 특이한, 독특한
unique ❾	ⓘ 생명의, 치명적인
vital ❿	ⓙ 유일한, 독특한/하나뿐인 것

3 동사편

account ❶	ⓐ 알리다, 통지하다
argue ❷	ⓑ 부인하다, 거절하다
convince ❸	ⓒ 이유, 예금계좌, 계산서
deny ❹	ⓓ 토론하다, 주장하다
indicate ❺	ⓔ 대답하다, 반응하다
inform ❻	ⓕ 관련시키다, 이야기하다
insist ❼	ⓖ 말하다, 발언하다/완전한
relate ❽	ⓗ 확신시키다, 납득시키다
respond ❾	ⓘ 주장하다, 요구하다
utter ❿	ⓙ 가리키다, 지시하다

❶1-d 2-c 3-g 4-b 5-a 6-i 7-e 8-j 9-f 10-h ❷1-b 2-f 3-a 4-c 5-h 6-d 7-e 8-g 9-j 10-i
❸1-c 2-d 3-h 4-b 5-j 6-a 7-i 8-f 9-e 10-g

④ 동사편

aid ❶	ⓐ 뻗다, 연장하다, 확장하다
deal ❷	ⓑ 바치다, 헌신하다
devote ❸	ⓒ 다루다, 처리하다/거래, 협정
employ ❹	ⓓ 돕다, 원조하다/원조
extend ❺	ⓔ 먹이다, 양육하다, 공급하다
feed ❻	ⓕ 신뢰하다, 맡기다/신용, 위탁
issue ❼	ⓖ 고용하다, 채용하다
rate ❽	ⓗ 뻗다, 쭉 펴다
stretch ❾	ⓘ 발행, 문제/발행하다, 지급하다
trust ❿	ⓙ 비율, 요금/평가하다

⑤ 동사편

confuse ❶	ⓐ 어리둥절하게 하다
display ❷	ⓑ 혼동하다, 혼란스럽게 하다
distinguish ❸	ⓒ 발명하다, 창안하다
embarrass ❹	ⓓ 구매, 구입품/사다, 구입하다
inherit ❺	ⓔ 구별하다, 두드러지게 하다
invent ❻	ⓕ 진열하다, 전시하다/전시, 표시
isolate ❼	ⓖ ~하는 경향이 있다, 돌보다
purchase ❽	ⓗ 대표하다, 나타내다, 표현하다
represent ❾	ⓘ 고립시키다, 격리하다
tend ❿	ⓙ 상속하다, 물려받다

⑥ 동사편

bore ❶	ⓐ 나오다, 나타나다
emerge ❷	ⓑ 깜짝 놀라게 하다, 두렵게 하다
frighten ❸	ⓒ 흘끗 봄, 일별/흘끗 보다
glance ❹	ⓓ 따분하게 하다, (구멍을) 뚫다
press ❺	ⓔ 둘러싸다, 포위하다
remind ❻	ⓕ 맛, 취미, 기호/맛보다
sound ❼	ⓖ 소리/소리가 나다/건전한
surround ❽	ⓗ 누르다, 압박하다/압박, 신문
taste ❾	ⓘ 다르다, 변화하다
vary ❿	ⓙ 생각나게 하다, 상기시키다

④1-d 2-c 3-b 4-g 5-a 6-e 7-i 8-j 9-h 10-f ⑤1-b 2-f 3-e 4-a 5-j 6-c 7-i 8-d 9-h 10-g
⑥1-d 2-a 3-b 4-c 5-h 6-j 7-g 8-e 9-f 10-i

7 명사편

atmosphere ❶	ⓐ 소설/새로운, 신기한
blood ❷	ⓑ 뇌, 두뇌, 지능
brain ❸	ⓒ 분위기, 대기, 환경
insect ❹	ⓓ 역, 반대/거꾸로의, 역의
novel ❺	ⓔ 피, 혈액, 혈통
poetry ❻	ⓕ 교장, 회장/주요한, 주된
principal ❼	ⓖ 어휘, 단어집
reverse ❽	ⓗ 시, 시가
scholar ❾	ⓘ 곤충
vocabulary ❿	ⓙ 학자, 장학생

8 명사편

courage ❶	ⓐ 습관, 버릇
delight ❷	ⓑ 유머, 익살, 기분
disease ❸	ⓒ 태도, 방법
habit ❹	ⓓ 병, 질병
humor ❺	ⓔ 용기, 담력, 배짱
interest ❻	ⓕ 기쁨, 즐거움/즐기다
manner ❼	ⓖ 흥미, 관심, 이익
method ❽	ⓗ 정신, 기분, 영혼
prejudice ❾	ⓘ 편견, 선입관
spirit ❿	ⓙ 방법, 방식

9 명사편

acquaintance ❶	ⓐ 현실성, 사실
branch ❷	ⓑ 아는 사람, 면식
case ❸	ⓒ 나뭇가지, 지점, 분야
democracy ❹	ⓓ 부족, 종족
million ❺	ⓔ 권리, 정의, 오른편/정당한
reality ❻	ⓕ 부, 재산
right ❼	ⓖ 경우, 사건, 상자
tribe ❽	ⓗ 무기, 병기
wealth ❾	ⓘ 민주주의, 민주국가
weapon ❿	ⓙ 백만, 다수

❼1-c 2-e 3-b 4-i 5-a 6-h 7-f 8-d 9-j 10-g **❽**1-e 2-f 3-d 4-a 5-b 6-g 7-c 8-j 9-i 10-h
❾1-b 2-c 3-g 4-i 5-j 6-a 7-e 8-d 9-f 10-h

⑩ 명사편

conflict ❶	ⓐ 파괴
destruction ❷	ⓑ 인상, 감동
device ❸	ⓒ 투쟁, 충돌, 상충/충돌하다
freedom ❹	ⓓ 관념, 개념, 생각
growth ❺	ⓔ 성장, 발전, 증가
impression ❻	ⓕ 자유, 해방, 면제
notion ❼	ⓖ 숭배, 예배/숭배하다
opinion ❽	ⓗ 장치, 고안
satisfaction ❾	ⓘ 의견, 견해
worship ❿	ⓙ 만족, 만족을 주는 것

챌린지 퀴즈
Challenge Quiz

다음의 단어의 설명으로서 적당한 것을 아래로부터 선택해 주세요.

☐ disease ( )	☐ insect ( )	☐ scholar ( )
☐ growth ( )	☐ opinion ( )	☐ vocabulary ( )
☐ impression ( )	☐ satisfaction ( )	☐ worship ( )

☐ a person who has learned a lot about something

☐ all the words that somebody knows

☐ a very small animal that has six legs

☐ an illness in humans, animals or plants

☐ the way something seems to you

☐ what someone thinks about something

☐ devote oneself to a religious figure

☐ a feeling of pleasure

☐ the act of getting bigger or developing

⑩1-c 2-a 3-h 4-f 5-e 6-b 7-d 8-i 9-j 10-g
【챌린지 퀴즈】 1-d 2-i 3-e 4-c 5-f 6-h 7-a 8-b 9-g

¹ **an account of profits and losses**　숭배하다

² **extend one's circle of acquaintances**　교제범위를 넓히다

³ **extend aid to the people**　그 사람들에게 도움을 베풀다

⁴ **argue about the nuclear weapons**　핵무기에 관해 논쟁하다

⁵ **a rural atmosphere**　시골 분위기

⁶ **a red blood cell**　적혈구

⁷ **The party was an utter bore.**　그 파티는 정말 따분한 것이었다.

⁸ **brain trust**　전문위원회, 자문단

⁹ **a branch office**　지점, 지부

¹⁰ **a most complicated case**　가장 복잡한 경우

¹¹ **a complicated explanation**　복잡한 설명

¹² **a conflict between two tribes**　두 부족간의 갈등

¹³ **His explanation confused me.**　그의 설명은 나를 혼란스럽게 했다.

¹⁴ **drive at a constant speed**　일정한 속도로 운전하다

¹⁵ **She finally convinced me.**　그녀는 마침내 나를 납득시켰다.

¹⁶ **display courage**　용기를 보이다

¹⁷ **a property deal**　부동산 거래

¹⁸ **an obscure delight**　막연한 즐거움

¹⁹ **a genuine democracy**　참된 민주주의

²⁰ **He denied her aid.**　그는 그녀의 도움을 거절했다.

²¹ **destruction of forests**　산림파괴

²² **a safety device**　안전장치

²³ **devote oneself to historical research**　역사연구에 헌신하다

²⁴ **overcome a disease**　병을 이겨내다

²⁵ **a liquid crystal display**　액정표시장치 (=LCD)

[26] distinguish the bird from related species — 관련 종에서 그 새를 구별하다

[27] His words embarrassed me a great deal. — 그의 말이 나를 크게 난처하게 했다.

[28] The sun emerged. — 해가 나타나다.

[29] The company employs 300 workers. — 그 회사는 300명의 근로자를 고용하고 있다.

[30] extend the railroad to the next city — 인근 시까지 철로를 연장하다

[31] the extreme penalty — 극형

[32] feed data into a computer — 컴퓨터에 데이터를 입력하다

[33] The law fits in this case. — 그 법은 이 경우에 꼭 맞다.

[34] freedom from prejudice — 편견으로부터 해방

[35] She was frightened by the ghost. — 그녀는 유령을 보고 소스라치게 놀랐다.

[36] fundamental human rights — 기본적 인권

[37] a genuine diamond — 진짜 다이아몬드

[38] exchange glances with someone — 어떤 사람과 시선을 교환하다

[39] constant economic growth — 지속적인 경제성장

[40] acquire a good habit — 좋은 습관을 들이다

[41] a huge sum of money — 막대한 액수의 돈

[42] a sense of humor — 유머 감각

[43] fundamental ideals — 근본적 이상

[44] one's first impressions of Seoul — 서울의 첫인상

[45] The letter T indicates public toilets. — T라는 글자는 공중 화장실을 나타낸다.

[46] He informed me of his decision. — 그는 자신의 결정을 나에게 알려주었다.

[47] He inherited the fortune from his father. — 그는 아버지로부터 재산을 물려받았다.

[48] disease-carrying insects — 질병을 매개하는 곤충

[49] He insisted on his innocence. — 그는 자신의 무죄를 주장했다.

[50] promote the public interest — 공익을 증진하다

51 a **device** invented for storing data — 데이터 저장을 위해 발명된 장치

52 an isolated case of the **disease** — 그 질병의 고립된 경우

53 the issue of a newspaper — 신문 발행

54 the main office — 본사, 본점

55 speak in a **confused** manner — 혼란스런 투로 말하다

56 **reverse** the method usually followed — 보통 따랐던 방법을 뒤집다

57 make a $ 5 million **purchase** — 500만 달러 어치를 사다

58 a **fundamental** notion — 근본적 관념

59 a period novel — 시대소설

60 an obscure explanation — 모호한 설명

61 **conflicting** opinions — 대립하는 의견

62 **diseases** peculiar to humans — 사람에게만 있는 질병들

63 compose poetry — 시를 짓다

64 **extreme** prejudice — 극단적인 편견

65 **freedom** of the press — 보도의 자유

66 the principal cause of the disaster — 재난의 주요 원인

67 a public **interest** group — 공익단체

68 purchase **freedom** with **blood** — 피 흘려 자유를 얻다

69 the rate of economic **growth** — 경제성장률

70 **deny** reality — 현실을 받아들이기를 거부하다

71 related by **blood** — 혈연으로 맺어진

72 He is remarkable for his **courage**. — 그는 용기로 주목 받을 만하다.

73 The **principal** reminds me of his father. — 교장선생님을 보면 그의 부친이 떠오른다.

74 a **manner** remote from kindness — 친절과는 거리가 먼 태도

75 Notes represent musical **sounds**. — 음표는 음악의 소리를 나타낸다.

76 **The disease responds to this drug.** 그 병에는 이 약이 효과가 있다.

77 **the reverse (side) of a coin** 동전의 반대편

78 **extend the right to vote** 투표권을 확대하다

79 **a rural community** 농촌사회

80 **with a great deal of satisfaction** 대단히 만족하여

81 **a remarkable scholar** 저명한 학자

82 **a slight novel** 시시한 소설

83 **a sound heart** 건강한 심장

84 **the spirit of democracy** 민주주의 정신

85 **He stretched his arms.** 그는 팔을 뻗었다.

86 **a dress suitable for the party** 그 파티에 알맞은 옷

87 **They were completely surrounded.** 그들은 완전히 포위되었다.

88 **It is a question of individual taste.** 그것은 개인적 취향의 문제이다.

89 **His opinions tend toward anarchism.** 그의 견해는 무정부주의의 경향이 있다.

90 **subject tribes** 속국의 부족

91 **create an atmosphere of trust** 신뢰의 분위기를 만들다

92 **an unfortunate lack of taste** 불행한 취미의 결핍

93 **This habit is unique to dogs.** 이런 습관은 개들에게만 있는 특이한 것이다.

94 **utter one's opinions** 자기 의견을 말하다

95 **Prices vary according to the weight.** 가격은 무게에 따라 다르다.

96 **a vital error** 치명적 실수

97 **extend one's vocabulary** 자신의 어휘를 늘리다

98 **inherit wealth** 부를 물려받다

99 **new weapons for fighting disease** 질병과 싸울 새로운 무기

100 **an object of worship** 숭배의 대상

1 ☐ aid	26 ☐ tribe	51 ☐ spirit	76 ☐ constant
2 ☐ fit	27 ☐ trust	52 ☐ unique	77 ☐ convince
3 ☐ bore	28 ☐ utter	53 ☐ wealth	78 ☐ frighten
4 ☐ case	29 ☐ vital	54 ☐ weapon	79 ☐ indicate
5 ☐ deal	30 ☐ branch	55 ☐ account	80 ☐ interest
6 ☐ deny	31 ☐ device	56 ☐ confuse	81 ☐ peculiar
7 ☐ feed	32 ☐ devote	57 ☐ courage	82 ☐ purchase
8 ☐ huge	33 ☐ emerge	58 ☐ disease	83 ☐ suitable
9 ☐ main	34 ☐ employ	59 ☐ display	84 ☐ surround
10 ☐ rate	35 ☐ extend	60 ☐ extreme	85 ☐ democracy
11 ☐ tend	36 ☐ glance	61 ☐ freedom	86 ☐ embarrass
12 ☐ vary	37 ☐ growth	62 ☐ genuine	87 ☐ prejudice
13 ☐ habit	38 ☐ inform	63 ☐ inherit	88 ☐ principal
14 ☐ argue	39 ☐ insect	64 ☐ isolate	89 ☐ represent
15 ☐ blood	40 ☐ insist	65 ☐ million	90 ☐ atmosphere
16 ☐ brain	41 ☐ invent	66 ☐ obscure	91 ☐ impression
17 ☐ humor	42 ☐ manner	67 ☐ opinion	92 ☐ remarkable
18 ☐ ideal	43 ☐ method	68 ☐ reality	93 ☐ vocabulary
19 ☐ issue	44 ☐ notion	69 ☐ respond	94 ☐ complicated
20 ☐ novel	45 ☐ poetry	70 ☐ reverse	95 ☐ destruction
21 ☐ press	46 ☐ public	71 ☐ scholar	96 ☐ distinguish
22 ☐ right	47 ☐ relate	72 ☐ stretch	97 ☐ fundamental
23 ☐ rural	48 ☐ remind	73 ☐ worship	98 ☐ unfortunate
24 ☐ sound	49 ☐ remote	74 ☐ delight	99 ☐ acquaintance
25 ☐ taste	50 ☐ slight	75 ☐ conflict	100 ☐ satisfaction

701···→800

accompany	examine	internal	proper
actual	expedition	interval	protest
agriculture	explore	intimate	pure
ahead	fairly	invade	recall
ancestor	faith	level	refuse
annoy	fault	likely	region
anxious	feature	male	remember
appeal	firmly	manage	revolution
appreciate	former	manufacture	reward
arrange	frequently	mention	roughly
audience	government	motivation	routine
behave	grasp	namely	settle
breath	guard	native	shelter
close	hardly	neighborhood	sight
collect	hide	nevertheless	smell
commercial	honor	nuclear	spread
critical	horizon	order	success
current	horror	otherwise	talent
custom	illustrate	perception	temperature
differ	immense	permit	transport
dig	impulse	poverty	trend
educate	injury	praise	universe
empty	instance	precisely	urban
enormous	instinct	prefer	vision
entertainment	intelligence	product	volume

¹ **accompany** □□□□□	동	동행하다, 함께 가다
² **actual** □□□□□	형	현실의, 실제의
³ **agriculture** □□□□□	명	농업
⁴ **ahead** □□□□□	부	앞쪽에, 앞으로
⁵ **ancestor** □□□□□	명	조상, 선조
⁶ **annoy** □□□□□	동	성가시게 굴다, 괴롭히다
⁷ **anxious** □□□□□	형	걱정하는, 근심하는, 간절히 바라는
⁸ **appeal** □□□□□	동 간청하다, 호소하다 명 간청, 제소
⁹ **appreciate** □□□□□	동	진가를 인정하다, 높이 평가하다, 감사하다
¹⁰ **arrange** □□□□□	동	정리하다, 배열하다, 조정하다
¹¹ **audience** □□□□□	명	관객, 청중
¹² **behave** □□□□□	동	행동하다, 올바르게 행동하다
¹³ **breath** □□□□□	명	숨, 호흡
¹⁴ **close** □□□□□	형 가까운, 친밀한 동 문을 닫다
¹⁵ **collect** □□□□□	동	모으다, 수집하다
¹⁶ **commercial** □□□□□	형 상업적인, 상거래의 명 광고방송
¹⁷ **critical** □□□□□	형	비평의, 비판적인, 위기의, 중대한
¹⁸ **current** □□□□□	형 지금의, 현행의 명 흐름, 풍조
¹⁸ **custom** □□□□□	명	관습, 관세(pl.), 세관
²⁰ **differ** □□□□□	동	다르다, 의견이 다르다
²¹ **dig** □□□□□	동	땅을 파다, 굴을 파다
²² **educate** □□□□□	동	교육하다, 훈육하다
²³ **empty** □□□□□	형 빈, 공허한 동 비우다
²⁴ **enormous** □□□□□	형	거대한, 어마어마한
²⁵ **entertainment** □□□□□	명	환대, 접대, 오락

★몰랐던 단어에 체크해 주세요

몇회차 만에 25단어가 외어지는지
체크해 주세요

1회차	2회차	3회차	4회차	5회차
/25	/25	/25	/25	/25

²⁸ **examine**	☐☐☐☐☐	동 시험하다, 조사하다, 심사하다
²⁷ **expedition**	☐☐☐☐☐	명 원정, (탐험) 여행
²⁸ **explore**	☐☐☐☐☐	동 탐험하다, 탐구하다, 답사하다
²⁹ **fairly**	☐☐☐☐☐	부 꽤, 공평히, 공정히
³⁰ **faith**	☐☐☐☐☐	명 믿음, 신념, 신앙
³¹ **fault**	☐☐☐☐☐	명 결점, 과실, 실수
³² **feature**	☐☐☐☐☐	명 특징, 특색, 얼굴의 생김새
³³ **firmly**	☐☐☐☐☐	부 굳게, 확고하게
³⁴ **former**	☐☐☐☐☐	형 이전의, 전자의
³⁵ **frequently**	☐☐☐☐☐	부 자주, 빈번히
³⁸ **government**	☐☐☐☐☐	명 정부, 통치
³⁷ **grasp**	☐☐☐☐☐	동 움켜잡다, 파악하다 명 움켜쥠, 이해
³⁸ **guard**	☐☐☐☐☐	동 지키다, 경계하다 명 감시, 방어
³⁹ **hardly**	☐☐☐☐☐	부 거의 ~하지 않다
⁴⁰ **hide**	☐☐☐☐☐	동 감추다, 숨기다
⁴¹ **honor**	☐☐☐☐☐	명 명예, 영광, 존경
⁴² **horizon**	☐☐☐☐☐	명 지평선, 수평선, 시야
⁴³ **horror**	☐☐☐☐☐	명 공포, 혐오
⁴⁴ **illustrate**	☐☐☐☐☐	동 설명하다, 예시하다
⁴⁵ **immense**	☐☐☐☐☐	형 거대한, 막대한
⁴⁸ **impulse**	☐☐☐☐☐	명 충동, 자극, 충격
⁴⁷ **injury**	☐☐☐☐☐	명 상해, 손상
⁴⁸ **instance**	☐☐☐☐☐	명 보기, 경우, 예
⁴⁹ **instinct**	☐☐☐☐☐	명 본능, 직감
⁵⁰ **intelligence**	☐☐☐☐☐	명 지능, 지성, 정보

★몰랐던 단어에 체크해 주세요

1회차	2회차	3회차	4회차	5회차
/25	/25	/25	/25	/25

⁵¹ **internal**	☐☐☐☐☐	형 내부의, 내면적인, 국내의
⁵² **interval**	☐☐☐☐☐	명 간격, 거리
⁵³ **intimate**	☐☐☐☐☐	형 친밀한, 친숙한
⁵⁴ **invade**	☐☐☐☐☐	동 침략하다, 침입하다
⁵⁵ **level**	☐☐☐☐☐	형 수평의 명 수평, 수준
⁵⁶ **likely**	☐☐☐☐☐	형 ~할 것 같은, 있음 직한
⁵⁷ **male**	☐☐☐☐☐	형 남자의, 수컷의 명 남자, 수컷
⁵⁸ **manage**	☐☐☐☐☐	동 운영하다, 관리하다, 그럭저럭 꾸려가다
⁵⁹ **manufacture**	☐☐☐☐☐	명 제조, 제품(pl.) 동 제조하다
⁶⁰ **mention**	☐☐☐☐☐	동 언급하다, 말하다 명 언급
⁶¹ **motivation**	☐☐☐☐☐	명 동기부여, 자극
⁶² **namely**	☐☐☐☐☐	부 즉, 다시 말해서
⁶³ **native**	☐☐☐☐☐	형 출생지의, 고향의, 토착의 명 원주민
⁶⁴ **neighborhood**	☐☐☐☐☐	명 이웃, 근처
⁶⁵ **nevertheless**	☐☐☐☐☐	부 그럼에도 불구하고, 그렇지만
⁶⁶ **nuclear**	☐☐☐☐☐	형 핵의, 원자력의
⁶⁷ **order**	☐☐☐☐☐	명 순서, 주문, 명령 동 명령하다, 주문하다
⁶⁸ **otherwise**	☐☐☐☐☐	부 그렇지 않으면, 달리
⁶⁹ **perception**	☐☐☐☐☐	명 지각, 인식
⁷⁰ **permit**	☐☐☐☐☐	동 허락하다, 허용하다 명 허가, 면허
⁷¹ **poverty**	☐☐☐☐☐	명 가난, 빈곤
⁷² **praise**	☐☐☐☐☐	동 칭찬하다 명 칭찬, 찬양
⁷³ **precisely**	☐☐☐☐☐	부 정확히, 정밀하게
⁷⁴ **prefer**	☐☐☐☐☐	동 ~보다 더 좋아하다, 선호하다
⁷⁵ **product**	☐☐☐☐☐	명 산출물, 생산품

★몰랐던 단어에 체크해 주세요

몇회차 만에 25단어가 외어지는지
체크해 주세요

1회차	2회차	3회차	4회차	5회차
╱25	╱25	╱25	╱25	╱25

⁷⁶ **proper**	☐☐☐☐☐	형 적절한, 알맞은, 고유한
⁷⁷ **protest**	☐☐☐☐☐	동 항의하다, 주장하다
⁷⁸ **pure**	☐☐☐☐☐	형 순수한, 깨끗한, 순결한
⁷⁹ **recall**	☐☐☐☐☐	동 상기하다, 생각나게 하다, 소환하다 명 회상, 소환
⁸⁰ **refuse**	☐☐☐☐☐	동 거절하다, 거부하다
⁸¹ **region**	☐☐☐☐☐	명 지역, 영토
⁸² **remember**	☐☐☐☐☐	동 기억하다, 상기하다, 잊지 않다
⁸³ **revolution**	☐☐☐☐☐	명 혁명, 회전
⁸⁴ **reward**	☐☐☐☐☐	명 보상, 보답 동 보상하다, 보답하다
⁸⁵ **roughly**	☐☐☐☐☐	부 거칠게, 대략
⁸⁶ **routine**	☐☐☐☐☐	명 일상의 일, 일과 형 일상의
⁸⁷ **settle**	☐☐☐☐☐	동 앉히다, 이주시키다, 결정하다, 해결하다
⁸⁸ **shelter**	☐☐☐☐☐	명 피난처, 수용소 동 피난하다
⁸⁹ **sight**	☐☐☐☐☐	명 시력, 시야, 조망
⁹⁰ **smell**	☐☐☐☐☐	동 냄새를 맡다, 냄새가 나다 명 냄새
⁹¹ **spread**	☐☐☐☐☐	동 펴다, 펼치다, 뿌리다
⁹² **success**	☐☐☐☐☐	명 성공, 행운
⁹³ **talent**	☐☐☐☐☐	명 재능, 재능 있는 사람
⁹⁴ **temperature**	☐☐☐☐☐	명 온도, 체온
⁹⁵ **transport**	☐☐☐☐☐	동 수송하다, 운송하다 명 수송
⁹⁶ **trend**	☐☐☐☐☐	명 경향, 추세
⁹⁷ **universe**	☐☐☐☐☐	명 우주
⁹⁸ **urban**	☐☐☐☐☐	형 도시의, 도회지의
⁹⁹ **vision**	☐☐☐☐☐	명 시력, 상상력, 미래상
¹⁰⁰ **volume**	☐☐☐☐☐	명 양, 용적, 음량

★몰랐던 단어에 체크해 주세요

1회차	2회차	3회차	4회차	5회차
/25	/25	/25	/25	/25

1 형용사편

actual ❶	ⓐ 가까운, 친밀한/문을 닫다
anxious ❷	ⓑ 현실의, 실제의
close ❸	ⓒ 친밀한, 친숙한
critical ❹	ⓓ 남자의, 수컷의/남자, 수컷
former ❺	ⓔ 걱정하는, 간절히 바라는
intimate ❻	ⓕ 순수한, 깨끗한, 순결한
likely ❼	ⓖ 이전의, 전자의
male ❽	ⓗ ~할 것 같은, 있음 직한
immense ❾	ⓘ 비평의, 비판적인, 위기의
pure ❿	ⓙ 거대한, 막대한

2 형용사편

commercial	ⓐ 거대한, 어마어마한
□current ❶	ⓑ 핵의, 원자력의
empty ❷	ⓒ 상업적인/광고방송
enormous ❸	ⓓ 지금의, 현행의/흐름, 풍조
nuclear ❹	ⓔ 수평의/수평, 수준
internal ❺	ⓕ 적절한, 알맞은, 고유한
level ❻	ⓖ 도시의, 도회지의
native ❼	ⓗ 빈, 공허한/비우다
proper ❽	ⓘ 출생지의, 고향의/원주민
urban ❾	ⓙ 내부의, 내면적인, 국내의

3 동사편

appeal ❶	ⓐ 설명하다, 예시하다
appreciate ❷	ⓑ 다르다, 의견이 다르다
differ ❸	ⓒ 칭찬하다/칭찬, 찬양
educate ❹	ⓓ 언급하다, 말하다/언급
illustrate ❺	ⓔ 간청하다, 호소하다/간청
mention ❻	ⓕ 거절하다, 거부하다
protest ❼	ⓖ 진가를 인정하다, 감사하다
permit ❽	ⓗ 교육하다, 훈육하다
refuse ❾	ⓘ 항의하다, 주장하다
praise ❿	ⓙ 허락하다/면허

❶1-b 2-e 3-a 4-i 5-g 6-c 7-h 8-d 9-j 10-f ❷1-c 2-d 3-h 4-a 5-b 6-j 7-e 8-i 9-f 10-g
❸1-e 2-g 3-b 4-h 5-a 6-d 7-i 8-j 9-f 10-c

8B

퀴즈로 달성도 체크 **31······60**

4 동사편

arrange ❶	ⓐ 조사하다, 심사하다
examine ❷	ⓑ ~보다 더 좋아하다
explore ❸	ⓒ 지키다, 경계하다/ 감시
guard ❹	ⓓ 정리하다, 조정하다
manage ❺	ⓔ 운영하다, 관리하다
prefer ❻	ⓕ 탐험하다, 답사하다
recall ❼	ⓖ 수송하다, 운송하다/수송
remember ❽	ⓗ 상기하다, 소환하다/ 회상
settle ❾	ⓘ 기억하다, 상기하다
transport ❿	ⓙ 이주시키다,결정하다

5 동사편

accompany ❶	ⓐ 행동하다
annoy ❷	ⓑ 땅을 파다, 굴을 파다
behave ❸	ⓒ 동행하다, 함께 가다
collect ❹	ⓓ 모으다, 수집하다
dig ❺	ⓔ 냄새를 맡다, 냄새가 나다
grasp ❻	ⓕ 성가시게 굴다, 괴롭히다
hide ❼	ⓖ 펴다, 펼치다, 뿌리다
invade ❽	ⓗ 움켜잡다, 파악하다/이해
smell ❾	ⓘ 감추다, 숨기다
spread ❿	ⓙ 침략하다, 침입하다

6 명사편

agriculture ❶	ⓐ 정부, 통치
custom(s) ❷	ⓑ 이웃, 근처
government ❸	ⓒ 지평선, 수평선, 시야
horizon ❹	ⓓ 관습, 관세, 세관
interval ❺	ⓔ 농업
neighborhood ❻	ⓕ 우주
region ❼	ⓖ 혁명, 회전
revolution ❽	ⓗ 피난처, 수용소/피난하다
shelter ❾	ⓘ 간격, 거리
universe ❿	ⓙ 지역, 영토

❹1-d 2-a 3-f 4-c 5-e 6-b 7-h 8-i 9-j 10-g ❺1-c 2-f 3-a 4-d 5-b 6-h 7-i 8-j 9-e 10-g
❻1-e 2-d 3-a 4-c 5-i 6-b 7-j 8-g 9-h 10-f

8B

퀴즈로 달성도 체크 61······90

7 명사편

audience ❶	ⓐ 환대, 접대, 오락
entertainment ❷	ⓑ 관객, 청중
fault ❸	ⓒ 상해, 손상
injury ❹	ⓓ 결점, 과실, 실수
manufacture ❺	ⓔ 순서, 주문, 명령/명령하다,
order ❻	ⓕ 제조, 제품/제조하다
poverty ❼	ⓖ 산출물, 생산품
product ❽	ⓗ 가난, 빈곤
routine ❾	ⓘ 양, 용적, 음량
volume ❿	ⓙ 일상의 일, 일과/일상의

8 명사편

faith ❶	ⓐ 충동, 자극, 충격
honor ❷	ⓑ 동기부여, 자극
horror ❸	ⓒ 명예, 영광, 존경
impulse ❹	ⓓ 믿음, 신념, 신앙
instinct ❺	ⓔ 지각, 인식
intelligence ❻	ⓕ 공포, 혐오
motivation ❼	ⓖ 재능, 재능 있는 사람
perception ❽	ⓗ 지능, 지성, 정보
success ❾	ⓘ 성공, 행운
talent ❿	ⓙ 본능, 직감

9 명사편

ancestor ❶	ⓐ 특징, 특색, 얼굴의 생김새
breath ❷	ⓑ 원정, (탐험) 여행
expedition ❸	ⓒ 보기, 경우, 예
feature ❹	ⓓ 조상, 선조
instance ❺	ⓔ 숨, 호흡
reward ❻	ⓕ 보상, 보답/보상하다
sight ❼	ⓖ 경향, 추세
temperature ❽	ⓗ 시력, 시야, 조망
trend ❾	ⓘ 시력, 상상력, 통찰력
vision ❿	ⓙ 온도, 체온

---

❼1-b 2-a 3-d 4-c 5-f 6-e 7-h 8-g 9-j 10-i ❽1-d 2-c 3-f 4-a 5-j 6-h 7-b 8-e 9-i 10-g
❾1-d 2-e 3-b 4-a 5-c 6-f 7-h 8-j 9-g 10-i

110

701······800

⑩ 부사편

ahead ❶	ⓐ 거의 ~하지 않다
fairly ❷	ⓑ 굳게, 확고하게
firmly ❸	ⓒ 즉, 다시 말해서
frequently ❹	ⓓ 앞쪽에, 앞으로
hardly ❺	ⓔ 그럼에도 불구하고
namely ❻	ⓕ 꽤, 공평히, 공정히
nevertheless ❼	ⓖ 거칠게, 대략
otherwise ❽	ⓗ 자주, 빈번히
precisely ❾	ⓘ 그렇지 않으면, 달리
roughly ❿	ⓙ 정확히, 정밀하게

Challenge Quiz

다음의 단어의 설명으로서 적당한 것을 아래로부터 선택해 주세요.

☐ agriculture (　　)　　☐ reward (　　)　　☐ temparature (　　)
☐ horizon (　　)　　☐ success (　　)　　☐ universe (　　)
☐ poverty (　　)　　☐ talent (　　)　　☐ vision (　　)

☐ the state of having very little money
☐ everything that exists, including the planets, stars, space, etc.
☐ raising animals and growing crops for food
☐ the line between earth or sea and the sky
☐ the natural ability to do something very well
☐ doing or getting what you wanted
☐ something that is given for doing work
☐ how hot or cold something is
☐ the ability to see

⑩1-d 2-f 3-b 4-h 5-a 6-c 7-e 8-i 9-j 10-g
【챌린지 퀴즈】1-c 2-d 3-a 4-g 5-f 6-e 7-h 8-b 9-i

1 an operation accompanied by much pain   많은 고통이 따르는 수술

2 in actual **poverty**   현실의 가난 속에서

3 develop a **region's** agriculture   지방의 농업을 발전시키다

4 set a clock ahead   시계를 앞으로 맞춰놓다

5 **ancestor worship**   조상 숭배

6 I am annoyed to hear that.   그걸 듣고 나는 불쾌했다.

7 be anxious about one's health   자신의 건강을 염려하다

8 appeal to their conscience   그들의 양심에 호소하다

9 Disease enables us to appreciate health.   질병은 우리에게 건강의 중요성을 알게 해준다.

10 a list arranged in alphabetical **order**   알파벳순으로 정리된 목록

11 **appeal** to the audience   청중에게 호소하다

12 Stop behaving like a child.   더 이상 어린애처럼 굴지 마라.

13 take a deep breath   심호흡을 하다

14 an **audience** of close to 10,000 people   1만 명 가까운 관객

15 collect essays into a single **volume**   논문을 한 권으로 모으다

16 a commercial product   시판용 제품

17 the critical **temperature**   임계온도

18 the current issue of the magazine   당월 호 잡지

19 customs among the **natives**   원주민들 사이의 풍습

20 **Customs** differ among different cultures.   다른 문화들간에는 관습도 다르다.

21 dig a tunnel through a mountain   산을 관통하는 터널을 파다

22 educate oneself   독학하다

23 The bus was empty except for her.   버스에 그녀 말고는 승객이 없었다.

24 an enormous fortune   엄청난 행운

25 **arrange** enough entertainment for them   그들을 위해 충분한 여흥을 준비하다

[26] **examine** the finished **product**　완성품을 검사하다

[27] **go on an exploring expedition**　탐험여행을 떠나다

[28] **explore** a mountain **region**　산악지역을 탐험하다

[29] **He treated us fairly.**　그는 우리를 공평하게 대했다.

[30] **spread** the **faith**　신앙을 전파하다

[31] **It's not my fault.**　그것은 내 잘못이 아니다.

[32] **remember** his physical **features**　그의 신체적 특징을 기억하다

[33] **retain one's faith firmly**　자신의 신념을 굳게 유지하다

[34] **a former life**　전생

[35] **Her former husband visits her frequently.**　그녀의 전남편은 그녀를 자주 찾아온다.

[36] **lose faith in the government**　정부안에서 신뢰를 잃다

[37] **He grasped my hand firmly.**　그는 내 손을 꽉 잡았다.

[38] **customs guards**　세관감시원

[39] **We can hardly imagine it.**　우리는 그것을 상상도 못한다.

[40] **The government officials hid the fact.**　정부 관리들이 그 사실을 숨겼다.

[41] **refuse** an academic **honor**　학문적 영예를 거부하다

[42] **extend one's horizons**　자신의 시야를 확대하다

[43] **I was filled with horror at the sight.**　나는 그 광경을 보고 공포에 휩싸였다.

[44] **illustrate a theory with examples**　예를 들어 이론을 설명하다

[45] **an immense amount of money**　막대한 금액의 돈

[46] **On impulse I grasped her hand.**　충동적으로 그녀의 손을 덥석 잡았다.

[47] **suffer internal injuries**　몸 안의 상처로 고통을 겪다

[48] **Let's take the government, for instance.**　예를 들어, 정부를 한번 보자.

[49] **a commercial instinct**　상업적 본능, 상재(商才)

[50] **a critical intelligence**　비판적 지성

[51] **internal angles of a triangle**	삼각형의 내각
[52] **at four-year intervals**	4년 간격으로
[53] **her intimate association with them**	그녀의 그들과의 친밀한 교제
[54] **invade the family's privacy**	그 가족의 사생활을 침범하다
[55] **wall charts arranged at eye level**	눈높이에 맞춰진 벽 도표
[56] **It is likely that he will succeed.**	그는 성공할 것 같다.
[57] **the average Korean male**	평균적인 한국 남성
[58] **He managed to explore the cave.**	그는 용케도 그 동굴을 탐험하였다.
[59] **Each machine is manufactured to order.**	각 기계는 주문에 의해 제작된다.
[60] **The scholar didn't mention the discovery.**	그 학자는 그 발견에 대해 언급하지 않았다.
[61] **The expedition lacks motivation.**	그 탐험은 동기가 없다.
[62] **Two boys came, namely Tom and Jim.**	톰과 짐이라는 이름의 두 소년이 왔다.
[63] **native intelligence**	타고난 지능
[64] **a neighborhood school**	인근 학교
[65] **It's raining; nevertheless, we'll start.**	비가 오고 있다. 그럼에도 우리는 떠날 것이다.
[66] **a nuclear power station**	원자력발전소
[67] **refuse orders**	명령을 거부하다
[68] **unless otherwise arranged**	만약 달리 정해지지 않았다면
[69] **a perception gap**	인식의 차이
[70] **if time permits**	시간이 허락한다면
[71] **emerge from poverty**	가난에서 벗어나다
[72] **His conduct is beyond all praise.**	그의 행위는 어떤 칭찬으로도 다할 수 없다.
[73] **at 8 o'clock precisely**	정확히 8시에
[74] **I prefer walking to riding.**	나는 타고가는 것보다 걷는 것을 좋아한다.
[75] **manufacture products**	제품을 제조하다

76 the **proper equipment** for an **expedition**   탐험을 하는데 필요한 적절한 장비

77 **protest** against **nuclear** testing   핵실험에 항의하다

78 **pure science**   순수과학

79 I **recalled** meeting the **former** president.   나는 전직 대통령을 만난 기억을 떠올렸다.

80 She **refused** to **accompany** him.   그녀는 그와 동행하는 것을 거부했다.

81 **explore** a **desert region**   사막지역을 탐험하다

82 **Remember** to **order** the book.   그 책 주문하는 것 잊지 마라.

83 a **revolution** in **agriculture**   농업 혁명

84 He **refused** the **reward**.   그는 보상을 거절했다.

85 Don't **treat** the machine **roughly**.   기계를 거칠게 다루지 말아라.

86 change one's usual **routine**   통상적인 일과를 변경하다

87 The **government settled** this area.   정부는 사람들을 이 지역에 이주시켰다.

88 a **nuclear** bomb **shelter**   핵 대피호

89 I'll **recognize** her by **sight**.   얼굴을 보면 그녀를 알아볼 것이다.

90 Does my **breath** smell?   나한테서 입 냄새가 나니?

91 The disease **spread rapidly**.   질병이 급속히 퍼졌다.

92 **success** in the development of **nuclear** power   원자력 개발의 성공

93 **hide** one's **talent**   자기 재능을 숨기다

94 the **maximum temperature**   최고 기온

95 **transport products**   제품을 수송하다

96 the **current trend**   최신 경향

97 the **origin** of the **universe**   우주의 기원

98 **urban population**   도시 인구

99 the **field** of **vision**   시야

100 the **manufacturing volume**   생산고

1 ☐ dig	26 ☐ fairly	51 ☐ arrange	76 ☐ internal
2 ☐ hide	27 ☐ firmly	52 ☐ collect	77 ☐ interval
3 ☐ male	28 ☐ former	53 ☐ current	78 ☐ intimate
4 ☐ pure	29 ☐ hardly	54 ☐ educate	79 ☐ remember
5 ☐ ahead	30 ☐ horror	55 ☐ examine	80 ☐ universe
6 ☐ annoy	31 ☐ injury	56 ☐ explore	81 ☐ accompany
7 ☐ close	32 ☐ invade	57 ☐ feature	82 ☐ otherwise
8 ☐ empty	33 ☐ likely	58 ☐ horizon	83 ☐ precisely
9 ☐ faith	34 ☐ manage	59 ☐ immense	84 ☐ transport
10 ☐ fault	35 ☐ namely	60 ☐ impulse	85 ☐ appreciate
11 ☐ grasp	36 ☐ native	61 ☐ mention	86 ☐ commercial
12 ☐ guard	37 ☐ permit	62 ☐ nuclear	87 ☐ expedition
13 ☐ honor	38 ☐ praise	63 ☐ poverty	88 ☐ frequently
14 ☐ level	39 ☐ prefer	64 ☐ product	89 ☐ government
15 ☐ order	40 ☐ proper	65 ☐ protest	90 ☐ illustrate
16 ☐ sight	41 ☐ recall	66 ☐ roughly	91 ☐ motivation
17 ☐ smell	42 ☐ refuse	67 ☐ routine	92 ☐ perception
18 ☐ trend	43 ☐ region	68 ☐ shelter	93 ☐ revolution
19 ☐ urban	44 ☐ reward	69 ☐ success	94 ☐ agriculture
20 ☐ actual	45 ☐ settle	70 ☐ ancestor	95 ☐ manufacture
21 ☐ appeal	46 ☐ spread	71 ☐ audience	96 ☐ temperature
22 ☐ behave	47 ☐ talent	72 ☐ critical	97 ☐ intelligence
23 ☐ breath	48 ☐ vision	73 ☐ enormous	98 ☐ neighborhood
24 ☐ custom	49 ☐ volume	74 ☐ instance	99 ☐ nevertheless
25 ☐ differ	50 ☐ anxious	75 ☐ instinct	100 ☐ entertainment

경이로운 실증 데이터 2

대학입시 빈출 레벨

여기까지 [대학입시 빈출레벨] 400 단어의 학습을 마쳤습니다. 이미
800 단어를 마스터하게 되었습니다. 그러면 이 800 단어가 어떻게 [대
학입시장문(長文)문제]에서 중요한지 중앙대학의 입시문제 예(例)로
써 확인하도록 하겠습니다. 일본어 번역을 보지 않고 어느 정도 의미
가 통하는지 도전하여 주세요. 이제 장문(長文)문제를 두려워할 필요
는 없습니다.

● 「센터 시험 레벨」 400 단어 + 「대학 입시 빈출 레벨」 400 단어(파생어 포함한다)

There are as many ideas of time as there are people.
Research tells us that children under the age of two have little
sense of the passage of time. It may have been the same for
our early ancestors. Some scholars believe that people once
lived in an endless present, with hardly any sense of past or
future.

The way science views time has also changed.
Throughout most of history, it was looked upon as having a
flow like a river. Even for Newton, time was absolute. But with
Einstein, everything became relative, and time was seen as a
dimension, like length and width and height. Einstein showed
that our perception of time is peculiar to our planet, and that
the sense of time is unique to any one spot in the universe. (중
략)

The world's system for keeping time is accurate to within a 1,000,000th of a second. It records the earth's rate of movement, which determines our day. This is not as regular as people think. Patterns in ice, tides, weather, ocean currents, all affect the earth's speed of movement. The result is that this is slowing, though only at the rate of a few 1,000ths of a second per century. (후략)

해설

사람들의 수만큼 이나 시간에 대한 많은 생각들이 있습니다. 연구에 의하면 2세 이하의 아이들은 시간이 흐른다는 감각이 없습니다. 그것은 우리의 조상 때도 같았을 것입니다.

일부 학자들은 오래전부터 사람들은 과거와 미래라는 의식이 거의 없는 무한의 시간을 살아왔다고 생각합니다. 과학이 보는 시간의 관점도 변했습니다. 대부분의 역사를 통하여 시간은 강물처럼 흐른다고 간주되어 왔습니다. 뉴튼 조차도 시간은 절대적이라고 했습니다. 그러나 아인슈타인에 이르러 만물은 상대적인 것이고 시간도 길이나 넓이, 높이 같은 수치로 보았습니다.

아인슈타인은 우리의 시간에 대한 개념은 지구에서의 특유한 개념이고 우주 어느 특정한 곳에서든 그 시간에 대한 감각은 유일하다고 했다. (중략)

세계의 정확한 시간관리 체계는 백만분의 1초 정도이다. 이것이 우리의 하루를 하는 지구의 운동 속도를 기록한다. 이것은 사람들의 생각보다 불규칙하다. 얼음의 형태, 조류, 날씨, 해류 등이 지구의 움직이는 속도에 영향을 준다. 그 결과로 지구의 운동 속도는 단 1000분의 1초 정도지만 느려지고 있다. (후략)

801···→900

absolute	deserve	medieval	reliable
absurd	despair	military	request
acknowledge	diminish	miracle	restrict
active	disappoint	mount	risk
adapt	economy	necessary	scope
add	estimate	noble	section
agency	event	numerous	secure
ambitious	evolution	obey	series
annual	excite	occupy	shallow
appropriate	expand	odd	shame
article	extension	percentage	soil
artificial	extraordinary	permanent	specific
astonish	faint	plain	substitute
bound	ignorance	politics	superficial
breathe	imitate	positive	sustain
brief	impact	possible	terrible
cast	impose	potential	tongue
concentrate	income	prevail	transform
consume	inevitable	previous	typical
conventional	inhabit	psychological	ultimate
cooperation	inspire	quantity	usual
court	keen	quarter	vague
crude	mass	raw	wander
damage	mathematics	record	welfare
dare	medicine	reject	worse

9A

우 선 은 보 기 부 터 ! **1········25**

1	**absolute**	☐☐☐☐☐	형 절대적인, 완전한, 확고한
2	**absurd**	☐☐☐☐☐	형 불합리한, 부조리한
3	**acknowledge**	☐☐☐☐☐	동 인정하다, 시인하다, 사례하다
4	**active**	☐☐☐☐☐	형 활동적인, 활동중인
5	**adapt**	☐☐☐☐☐	동 적응하다, 개조하다, 각색하다
6	**add**	☐☐☐☐☐	동 더하다, 합계하다
7	**agency**	☐☐☐☐☐	명 대리점, 중개, 매개
8	**ambitious**	☐☐☐☐☐	형 대망을 품은, 패기만만한
9	**annual**	☐☐☐☐☐	형 연 1회의, 매년의, 연간의
10	**appropriate**	☐☐☐☐☐	형 적당한, 적절한 동 전용(專用)하다
11	**article**	☐☐☐☐☐	명 기사, 항목, 물품
12	**artificial**	☐☐☐☐☐	형 인조의, 인공적인, 부자연스러운
13	**astonish**	☐☐☐☐☐	동 깜짝 놀라게 하다
14	**bound**	☐☐☐☐☐	형 묶인, 의무가 있는, ~행(行)의 동 튀어오르다
15	**breathe**	☐☐☐☐☐	동 숨쉬다, 호흡하다
16	**brief**	☐☐☐☐☐	형 짧은, 간결한 명 요약
17	**cast**	☐☐☐☐☐	동 던지다, 배역을 정하다, 주조하다
18	**concentrate**	☐☐☐☐☐	동 집중하다, 모으다
19	**consume**	☐☐☐☐☐	동 소비하다, 다 써버리다
20	**conventional**	☐☐☐☐☐	형 전래의, 틀에 박힌, 재래식의
21	**cooperation**	☐☐☐☐☐	명 협력, 협동
22	**court**	☐☐☐☐☐	명 법정, 궁정, 경기장
23	**crude**	☐☐☐☐☐	형 천연 그대로의, 거친
24	**damage**	☐☐☐☐☐	명 손해, 손상 동 손해를 입히다
25	**dare**	☐☐☐☐☐	동 감히 ~하다, 무릅쓰고 ~하다

★몰랐던 단어에 체크해 주세요

몇회차 만에 25단어가 외어지는지
체크해 주세요

1회차	2회차	3회차	4회차	5회차
/25	/25	/25	/25	/25

26 **deserve**	☐☐☐☐☐	동 ~할 가치가 있다, ~할 만하다
27 **despair**	☐☐☐☐☐	명 절망, 자포자기
28 **diminish**	☐☐☐☐☐	동 줄이다, 감소하다
29 **disappoint**	☐☐☐☐☐	동 실망하다, 실망시키다
30 **economy**	☐☐☐☐☐	명 경제, 절약
31 **estimate**	☐☐☐☐☐	동 추정하다, 평가하다 명 견적, 평가
32 **event**	☐☐☐☐☐	명 행사, 사건
33 **evolution**	☐☐☐☐☐	명 진화, 발전
34 **excite**	☐☐☐☐☐	동 흥분시키다, 자극하다
35 **expand**	☐☐☐☐☐	동 넓히다, 팽창시키다
36 **extension**	☐☐☐☐☐	명 연장, 확장, 구내전화
37 **extraordinary**	☐☐☐☐☐	형 이상한, 비상한, 임시의
38 **faint**	☐☐☐☐☐	형 희미한, 어렴풋한, 어지러운 동 기절하다
39 **ignorance**	☐☐☐☐☐	명 무지, 무식
40 **imitate**	☐☐☐☐☐	동 모방하다, 흉내내다
41 **impact**	☐☐☐☐☐	명 충돌, 충격, 영향
42 **impose**	☐☐☐☐☐	동 부과하다, 강요하다
43 **income**	☐☐☐☐☐	명 수입, 소득
44 **inevitable**	☐☐☐☐☐	명 피할 수 없는, 필연적인
45 **inhabit**	☐☐☐☐☐	동 거주하다, ~에 살다
46 **inspire**	☐☐☐☐☐	동 고무하다, 격려하다, 영감을 주다
47 **keen**	☐☐☐☐☐	형 날카로운, 예민한
48 **mass**	☐☐☐☐☐	명 큰 덩어리, 모임, 대량
49 **mathematics**	☐☐☐☐☐	명 수학
50 **medicine**	☐☐☐☐☐	명 약, 의학

★몰랐던 단어에 체크해 주세요

1회차	2회차	3회차	4회차	5회차
/25	/25	/25	/25	/25

⁵¹ **medieval**	☐☐☐☐☐	형 중세의
⁵² **military**	☐☐☐☐☐	형 군대의, 육군의 명 군대
⁵³ **miracle**	☐☐☐☐☐	명 기적, 불가사의한 일
⁵⁴ **mount**	☐☐☐☐☐	동 올라가다, 타다
⁵⁵ **necessary**	☐☐☐☐☐	형 필요한, 필연적인
⁵⁶ **noble**	☐☐☐☐☐	형 고귀한, 귀족의
⁵⁷ **numerous**	☐☐☐☐☐	형 다수의, 수많은
⁵⁸ **obey**	☐☐☐☐☐	동 복종하다, 따르다
⁵⁹ **occupy**	☐☐☐☐☐	동 차지하다, 점령하다, 종사하다
⁶⁰ **odd**	☐☐☐☐☐	형 이상한, 기묘한, 홀수의, 한 짝의
⁶¹ **percentage**	☐☐☐☐☐	명 백분율
⁶² **permanent**	☐☐☐☐☐	형 영구적인, 불변의, 상설의
⁶³ **plain**	☐☐☐☐☐	형 명백한, 분명한, 평범한
⁶⁴ **politics**	☐☐☐☐☐	명 정치, 정치학
⁶⁵ **positive**	☐☐☐☐☐	형 적극적인, 명확한, 확신하는
⁶⁶ **possible**	☐☐☐☐☐	형 가능한, 일어날 수 있는
⁶⁷ **potential**	☐☐☐☐☐	형 잠재적인, 가능성 있는 명 잠재능력, 가능성
⁶⁸ **prevail**	☐☐☐☐☐	동 우세하다, 압도하다
⁶⁹ **previous**	☐☐☐☐☐	형 앞의, 이전의
⁷⁰ **psychological**	☐☐☐☐☐	형 심리적인, 심리학의
⁷¹ **quantity**	☐☐☐☐☐	명 양, 분량
⁷² **quarter**	☐☐☐☐☐	명 4분의 1, 15분, 지역
⁷³ **raw**	☐☐☐☐☐	형 날것의, 가공하지 않은
⁷⁴ **record**	☐☐☐☐☐	명 기록, 경력, 음반 동 기록하다, 녹음하다
⁷⁵ **reject**	☐☐☐☐☐	동 거절하다, 거부하다

★몰랐던 단어에 체크해 주세요

몇회차 만에 25단어가 외어지는지
체크해 주세요

1회차	2회차	3회차	4회차	5회차
╱25	╱25	╱25	╱25	╱25

⁷⁶ **reliable**	▢▢▢▢▢	형	믿을 만한, 확실한
⁷⁷ **request**	▢▢▢▢▢	동	요청하다, 부탁하다　명 요청, 의뢰
⁷⁸ **restrict**	▢▢▢▢▢	동	제한하다, 금지하다
⁷⁹ **risk**	▢▢▢▢▢	명	위기, 모험　동 위험을 각오하다
⁸⁰ **scope**	▢▢▢▢▢	명	범위, 시야
⁸¹ **section**	▢▢▢▢▢	명	부분, 구역, (회사, 관청의) 과
⁸² **secure**	▢▢▢▢▢	형	안전한, 확실한　동 안전하게 하다
⁸³ **series**	▢▢▢▢▢	명	연속, 시리즈
⁸⁴ **shallow**	▢▢▢▢▢	형	얕은, 천박한
⁸⁵ **shame**	▢▢▢▢▢	명	부끄러움, 수치
⁸⁶ **soil**	▢▢▢▢▢	명	흙, 토양, 땅
⁸⁷ **specific**	▢▢▢▢▢	형	특정의, 구체적인
⁸⁸ **substitute**	▢▢▢▢▢	동	대신하다, 대리하다　명 대용품, 대리인
⁸⁹ **superficial**	▢▢▢▢▢	형	표면적인, 피상적인
⁹⁰ **sustain**	▢▢▢▢▢	동	유지하다, 지탱하다, 견디다
⁹¹ **terrible**	▢▢▢▢▢	형	무서운, 끔찍한
⁹² **tongue**	▢▢▢▢▢	명	혀, 말, 언어
⁹³ **transform**	▢▢▢▢▢	동	변형하다, 바꾸다
⁹⁴ **typical**	▢▢▢▢▢	형	전형적인, 특유의
⁹⁵ **ultimate**	▢▢▢▢▢	형	궁극적인, 최후의
⁹⁶ **usual**	▢▢▢▢▢	형	보통의, 일상의
⁹⁷ **vague**	▢▢▢▢▢	형	모호한, 막연한
⁹⁸ **wander**	▢▢▢▢▢	동	돌아다니다, 방황하다
⁹⁹ **welfare**	▢▢▢▢▢	명	복지, 복리, 번영
¹⁰⁰ **worse**	▢▢▢▢▢	형	더 나빠진, 악화된

★몰랐던 단어에 체크해 주세요

1회차	2회차	3회차	4회차	5회차
/25	/25	/25	/25	/25

1 형용사편

absolute ❶	ⓐ 필요한, 필연적인
bound ❷	ⓑ 잠재적인, 가능성 있는
inevitable ❸	ⓒ 절대적인, 완전한, 확고한
necessary ❹	ⓓ 특정의, 구체적인
possible ❺	ⓔ 표면적인, 피상적인
potential ❻	ⓕ 피할 수 없는, 필연적인
shallow ❼	ⓖ 묶인, 의무가 있는/경계(선)
specific ❽	ⓗ 전형적인, 특유의
superficial ❾	ⓘ 가능한, 일어날 수 있는
typical ❿	ⓙ 얕은, 천박한

2 형용사편

active ❶	ⓐ 연 1회의, 매년의, 연간의
annual ❷	ⓑ 이상한, 비상한, 임시의
brief ❸	ⓒ 영구적인, 불변의, 상설의
conventional ❹	ⓓ 활동적인, 활동중의
extraordinary ❺	ⓔ 짧은, 간결한/요약
medieval ❻	ⓕ 궁극적인, 최후의
permanent ❼	ⓖ 보통의, 일상의
previous ❽	ⓗ 전래의, 틀에 박힌, 재래식의
ultimate ❾	ⓘ 앞의, 이전의
usual ❿	ⓙ 중세의

3 형용사편

appropriate ❶	ⓐ 이상한, 기묘한, 홀수의
faint ❷	ⓑ 적당한, 적절한/전용(專用)하다
numerous ❸	ⓒ 적극적인, 명확한, 확신하는
odd ❹	ⓓ 희미한, 어지러운/기절하다
plain ❺	ⓔ 더 나빠진, 악화된
positive ❻	ⓕ 모호한, 막연한
reliable ❼	ⓖ 명백한, 분명한, 평범한
secure ❽	ⓗ 다수의, 수많은
vague ❾	ⓘ 안전한, 확실한/안전하게 하다
worse ❿	ⓙ 믿을 만한, 확실한

❶1-c 2-g 3-f 4-a 5-i 6-b 7-j 8-d 9-e 10-h ❷1-d 2-a 3-e 4-h 5-b 6-j 7-c 8-i 9-f 10-g
❸1-b 2-d 3-h 4-a 5-g 6-c 7-j 8-i 9-f 10-e

4 형용사편

absurd ❶	ⓐ 인공적인, 부자연스러운
ambitious ❷	ⓑ 천연 그대로의, 거친
artificial ❸	ⓒ 대망을 품은, 패기만만한
crude ❹	ⓓ 군대의, 육군의/군대
keen ❺	ⓔ 불합리한, 부조리한
military ❻	ⓕ 날것의, 가공하지 않은
noble ❼	ⓖ 심리적인, 심리학의
psychological ❽	ⓗ 고귀한, 귀족의
raw ❾	ⓘ 무서운, 끔찍한
terrible ❿	ⓙ 날카로운, 예민한

5 동사편

adapt ❶	ⓐ 더하다, 합계하다
add ❷	ⓑ 깜짝 놀라게 하다
astonish ❸	ⓒ 실망하다, 실망시키다
diminish ❹	ⓓ 격려하다, 영감을 주다
disappoint ❺	ⓔ 적응하다, 개조하다, 각색하다
excite ❻	ⓕ 차지하다, 점령하다, 종사하다
impose ❼	ⓖ 줄이다, 감소하다
inspire ❽	ⓗ 부과하다, 강요하다
occupy ❾	ⓘ 흥분시키다, 자극하다
restrict ❿	ⓙ 제한하다, 금지하다

6 동사편

concentrate ❶	ⓐ ~할 가치가 있다, ~할 만하다
dare ❷	ⓑ 집중하다, 모으다
deserve ❸	ⓒ 우세하다, 압도하다
expand ❹	ⓓ 모방하다, 흉내내다
imitate ❺	ⓔ 유지하다, 지탱하다, 견디다
prevail ❻	ⓕ 감히 ~하다, 무릅쓰고 ~하다
request ❼	ⓖ 변형하다, 바꾸다
substitute ❽	ⓗ 요청하다, 부탁하다/요청, 의뢰
sustain ❾	ⓘ 넓히다, 팽창시키다
transform ❿	ⓙ 대신하다/대용품, 대리인

❹1-e 2-c 3-a 4-b 5-j 6-d 7-h 8-g 9-f 10-i ❺1-e 2-a 3-b 4-g 5-c 6-i 7-h 8-d 9-f 10-j
❻1-b 2-f 3-a 4-i 5-d 6-c 7-h 8-j 9-e 10-g

9B

7 동사편

acknowledge ❶	ⓐ 추정하다, 평가하다/견적, 평가
breathe ❷	ⓑ 숨쉬다, 호흡하다
cast ❸	ⓒ 소비하다, 다 써버리다
consume ❹	ⓓ 인정하다, 시인하다, 사례하다
estimate ❺	ⓔ 거절하다, 거부하다
inhabit ❻	ⓕ 던지다, 배역을 정하다
mount ❼	ⓖ 돌아다니다, 방황하다
obey ❽	ⓗ 올라가다, 올라타다
reject ❾	ⓘ 복종하다, 따르다
wander ❿	ⓙ 거주하다, ~에 살다

8 명사편

agency ❶	ⓐ 손해, 손상/손해를 입히다
article ❷	ⓑ 협력, 협동
cooperation ❸	ⓒ 대리점, 중개, 매개
court ❹	ⓓ 정치, 정치학
damage ❺	ⓔ 경제, 절약
economy ❻	ⓕ 기사, 항목, 물품
income ❼	ⓖ 수입, 소득
politics ❽	ⓗ 복지, 복리, 번영
soil ❾	ⓘ 법정, 궁정, 경기장
welfare ❿	ⓙ 흙, 토양, 땅

9 명사편

ignorance ❶	ⓐ 큰 덩어리, 모임, 대량
mass ❷	ⓑ 백분율
mathematics ❸	ⓒ 범위, 시야
medicine ❹	ⓓ 양, 분량
percentage ❺	ⓔ 무지, 무식
quantity ❻	ⓕ 수학
quarter ❼	ⓖ 약, 의학
record ❽	ⓗ 부분, 구역, (회사, 관청의) 과
scope ❾	ⓘ 4분의 1, 15분, 지역
section ❿	ⓙ 기록, 경력, 음반/녹음하다

❼1-d 2-b 3-f 4-c 5-a 6-j 7-h 8-i 9-e 10-g ❽1-c 2-f 3-b 4-i 5-a 6-e 7-g 8-d 9-j 10-h
❾1-e 2-a 3-f 4-g 5-b 6-d 7-i 8-j 9-c 10-h

⑩ 명사편

despair ❶	ⓐ 충돌, 충격, 영향
event ❷	ⓑ 절망, 자포자기
evolution ❸	ⓒ 위기, 모험/위험을 각오하다
extension ❹	ⓓ 부끄러움, 수치
impact ❺	ⓔ 행사, 사건
miracle ❻	ⓕ 기적, 불가사의한 일
risk ❼	ⓖ 진화, 발전
series ❽	ⓗ 연장, 확장, 구내전화
shame ❾	ⓘ 혀, 말, 언어
tongue ❿	ⓙ 연속, 시리즈

챌린지 퀴즈 Challenge Quiz

다음의 단어의 설명으로서 적당한 것을 아래로부터 선택해 주세요.

☐ despaire (　　) 　 ☐ medicine (　　) 　 ☐ risk 　　(　　)
☐ ignorance (　　) 　 ☐ miracle 　(　　) 　 ☐ tongue 　(　　)
☐ income 　(　　) 　 ☐ record 　(　　) 　 ☐ welfare 　(　　)

☐ the money which a person gets to live on
☐ the chance that something bad will happen
☐ something lucky that happens that you didn't think was possible
☐ a feeling of being very sad and having no hope
☐ the study and treatment of illnesses and injuries
☐ a written list of things you have done, seen or found out
☐ the part inside your mouth that moves when you speak
☐ not knowing about something
☐ the health and happiness of a person

⑩1-b 2-e 3-g 4-h 5-a 6-f 7-c 8-j 9-d 10-i
【챌린지 퀴즈】1-d 2-h 3-a 4-e 5-c 6-f 7-b 8-g 9-i

¹ **absolute temperature**	절대온도
² **an absurd psychological experiment**	부조리한 심리학적 실험
³ **acknowledge one's mistake**	자기 잘못을 인정하다
⁴ **an active market**	활발한 시장
⁵ **the ability to adapt**	적응 능력
⁶ **Add these figures together.**	이들 숫자를 합산하라.
⁷ **an insurance agency**	보험 대리점
⁸ **Be ambitious.**	야망을 가져라.
⁹ **an annual income**	연간 수입
¹⁰ **a speech appropriate to the occasion**	그 상황에 맞는 연설
¹¹ **a necessary article**	필요한 물품
¹² **artificial intelligence (AI)**	인공지능
¹³ **be astonished to hear the record time**	신기록 시간을 듣고 놀라다
¹⁴ **I was bound by duty to obey him.**	나는 그에게 복종할 의무가 있다.
¹⁵ **breathe in large quantities of poison gas**	다량의 독가스를 들이쉬다
¹⁶ **a brief record of one's journey**	간략한 여행 기록
¹⁷ **cast light on the study of evolution**	진화 연구에 서광을 비추다
¹⁸ **People concentrate in big cities.**	사람들이 대도시에 집중한다.
¹⁹ **consume one's fortune**	자기 재산을 탕진하다
²⁰ **conventional medicine**	전통적 의학
²¹ **economic cooperation**	경제협력
²² **a military court**	군사법정
²³ **crude oil**	원유
²⁴ **estimate the total damage**	손해 총액을 추산하다
²⁵ **How dare you speak like that!**	네가 어떻게 감히 그렇게 말할 수 있냐?

26 His <u>request</u> deserves **consideration**.	그의 요구는 고려해볼 만하다.
27 an expression of <u>terrible</u> despair	무서운 절망의 표정
28 diminish in <u>quantity</u>	양이 줄어들다
29 I was disappointed with the result.	나는 그 결과에 실망했다.
30 <u>expand</u> the domestic economy	국내경제를 팽창시키다
31 a <u>reliable</u> estimate	믿을 만한 견적
32 an <u>annual</u> event	연중행사
33 the theory of evolution	진화론
34 He is easily excited.	그는 쉽게 흥분한다.
35 The <u>economy</u> expanded quickly.	경제가 빠르게 팽창하였다.
36 <u>request</u> an extension	연기를 요구하다
37 a person of extraordinary talent	비범한 재능의 소유자
38 faint <u>breathing</u>	약한 호흡
39 His ignorance <u>astonished</u> us.	그의 무식이 우리를 놀라게 했다.
40 Parrots imitate human speech.	앵무새는 사람의 말을 흉내낸다.
41 the impact of TV on social life	사회생활에 미치는 TV의 영향
42 impose one's opinion on others	자기 의견을 다른 사람들에게 강요하다
43 an <u>annual</u> income of $5 million	연간 수입 500만 달러
44 the inevitable result	필연적 결과
45 an inhabited island	사람이 살고 있는 섬
46 be inspired by <u>medieval</u> literature	중세 문학에서 영감을 얻다
47 have a keen interest in <u>politics</u>	정치에 강한 관심을 가지다
48 influence the masses	대중에 영향을 미치다
49 pure[applied] mathematics	순수(응용) 수학
50 an <u>appropriate</u> medicine	적절한 약

51	**medieval history**	중세사
52	**The military occupied the island.**	군대가 그 섬을 점령했다.
53	**a psychological miracle**	심리학상의 기적
54	**mount a horse**	말 위에 오르다
55	**a necessary condition**	필요 조건
56	**a noble aim**	고귀한 목적
57	**He performed numerous miracles.**	그는 수많은 기적을 행했다.
58	**obey orders**	명령에 복종하다
59	**Is this seat occupied?**	이 자리에 사람이 있나요?
60	**odd numbers**	기수
61	**a small percentage of the students**	학생들 중 작은 비율
62	**a permanent magnet**	영구 자석
63	**speak in plain English**	평이한 영어로 말하다
64	**He is disappointed in politics.**	그는 정치에 실망했다.
65	**a positive promise**	확실한 약속
66	**Politics is the art of the possible.**	정치는 가능성의 예술이다.
67	**expand one's potential**	자신의 잠재력을 확대하다
68	**prevail at court**	재판에서 이기다
69	**a previous record**	전력(前歷)
70	**psychological impact**	심리적 충격
71	**This car consumes a large quantity of fuel.**	이 차는 많은 양의 연료를 소비한다.
72	**the first quarter of the 21st century**	21세기의 첫 4분의 1
73	**raw material**	원료
74	**beat all previous records**	이전 기록을 모두 깨다
75	**He was rejected for military service.**	그는 군 복무에 거부당했다.

⁷⁶ a reliable **record**   믿을 만한 기록

⁷⁷ **reject** a request   요구를 거절하다

⁷⁸ **restrict** freedom of speech   언론의 자유를 제한하다

⁷⁹ **diminish** the risk of losing money   금전 손실의 위험을 줄이다

⁸⁰ **expand** one's cultural scope   문화적 시야를 넓히다

⁸¹ the **economy** section of an airplane   비행기의 일반 객실

⁸² be secured against **damage**   손실에 대해 보증되다

⁸³ a dramatic series of **events**   극적인 사건의 연속

⁸⁴ shallow **breathing**   얕은 호흡

⁸⁵ He has no **shame**.   그는 부끄럼을 모른다.

⁸⁶ poor[rich] soil   척박한(비옥한) 땅

⁸⁷ **impose** a specific way of thinking on them   그들에게 특정 사상을 강요하다

⁸⁸ Can you **secure** a substitute?   대용품을 확보할 수 있습니까?

⁸⁹ a superficial **article**   피상적인 기사

⁹⁰ The **court** sustained his claim.   법정은 그의 주장을 인정했다.

⁹¹ a **terrible** disease   무서운 질병

⁹² one's mother tongue   자기 모국어

⁹³ transform the **scope** of human life   인류의 생활 영역을 변화시키다

⁹⁴ a typical **medieval** poet   전형적인 중세 시인

⁹⁵ the ultimate[a **conventional**] weapon   궁극적(재래식) 무기

⁹⁶ She was late as usual.   그녀는 여느 때와 마찬가지로 늦었다.

⁹⁷ a vague **impression**   모호한 인상

⁹⁸ wander from a subject   주제에서 벗어나다

⁹⁹ the public welfare   공공복지

¹⁰⁰ I feel worse than usual.   평소보다 기분이 안 좋다.

9D

마 무 리 체 크

1 ☐ add
2 ☐ odd
3 ☐ raw
4 ☐ cast
5 ☐ dare
6 ☐ keen
7 ☐ mass
8 ☐ obey
9 ☐ risk
10 ☐ soil
11 ☐ adapt
12 ☐ bound
13 ☐ brief
14 ☐ court
15 ☐ crude
16 ☐ event
17 ☐ faint
18 ☐ mount
19 ☐ noble
20 ☐ plain
21 ☐ scope
22 ☐ shame
23 ☐ usual
24 ☐ vague
25 ☐ worse

26 ☐ absurd
27 ☐ active
28 ☐ agency
29 ☐ annual
30 ☐ damage
31 ☐ excite
32 ☐ expand
33 ☐ impact
34 ☐ impose
35 ☐ income
36 ☐ occupy
37 ☐ record
38 ☐ reject
39 ☐ secure
40 ☐ series
41 ☐ tongue
42 ☐ wander
43 ☐ article
44 ☐ breathe
45 ☐ consume
46 ☐ deserve
47 ☐ despair
48 ☐ economy
49 ☐ imitate
50 ☐ inhabit

51 ☐ inspire
52 ☐ miracle
53 ☐ prevail
54 ☐ quarter
55 ☐ request
56 ☐ section
57 ☐ shallow
58 ☐ sustain
59 ☐ typical
60 ☐ welfare
61 ☐ absolute
62 ☐ astonish
63 ☐ diminish
64 ☐ estimate
65 ☐ medicine
66 ☐ medieval
67 ☐ military
68 ☐ numerous
69 ☐ politics
70 ☐ positive
71 ☐ possible
72 ☐ previous
73 ☐ quantity
74 ☐ reliable
75 ☐ restrict

76 ☐ specific
77 ☐ terrible
78 ☐ ultimate
79 ☐ ambitious
80 ☐ evolution
81 ☐ extension
82 ☐ ignorance
83 ☐ necessary
84 ☐ permanent
85 ☐ potential
86 ☐ transform
87 ☐ artificial
88 ☐ disappoint
89 ☐ inevitable
90 ☐ percentage
91 ☐ substitute
92 ☐ acknowledge
93 ☐ appropriate
94 ☐ concentrate
95 ☐ cooperation
96 ☐ mathematics
97 ☐ superficial
98 ☐ conventional
99 ☐ extraordinary
100 ☐ psychological

according	creep	impatient	satisfactory
adverse	data	independence	secretary
alarm	definition	induce	shortage
announce	demonstrate	insight	stare
apart	depression	instead	stimulate
attain	descendant	irrational	storage
background	dignity	justify	strain
beast	disadvantage	loss	sum
biography	due	meanwhile	surplus
blame	endure	medium	survey
bother	enthusiasm	nowadays	swing
category	equip	outlook	temperament
cattle	exclusively	pause	terror
charge	expectation	persist	thoroughly
cherish	external	popularity	threat
combine	extra	preserve	trace
commit	female	privilege	undoubtedly
compete	flourish	profession	union
compose	folk	profound	unless
compulsion	foundation	prospect	utility
conceal	fuel	random	violence
confidence	fulfill	readily	virtue
connection	geography	replace	vote
consumption	hell	rescue	wage
count	idleness	responsible	witness

10A

우 선 은 보 기 부 터 ! **1 ········· 25**

¹ **according**	☐☐☐☐☐	부	~에 따라서, ~에 의해서
² **adverse**	☐☐☐☐☐	형	~에 반대하는, 거스르는, 반대의
³ **alarm**	☐☐☐☐☐	동 경보를 울리다 명 놀람, 경보
⁴ **announce**	☐☐☐☐☐	동	발표하다, 공표하다
⁵ **apart**	☐☐☐☐☐	부	산산이, 뿔뿔이, 따로
⁶ **attain**	☐☐☐☐☐	동	달성하다, 이루다
⁷ **background**	☐☐☐☐☐	명	배경, 경력
⁸ **beast**	☐☐☐☐☐	명	짐승, 야수
⁹ **biography**	☐☐☐☐☐	명	전기, 일대기
¹⁰ **blame**	☐☐☐☐☐	동	비난하다, 나무라다
¹¹ **bother**	☐☐☐☐☐	동	괴롭히다, 귀찮게 하다
¹² **category**	☐☐☐☐☐	동	범주, 분류
¹³ **cattle**	☐☐☐☐☐	명	소떼, 가축
¹⁴ **charge**	☐☐☐☐☐	동 청구하다, 부담시키다, 책임을 지우다 명 요금, 책임
¹⁵ **cherish**	☐☐☐☐☐	동	보듬다, 품다
¹⁶ **combine**	☐☐☐☐☐	동	결합하다, 합치다
¹⁷ **commit**	☐☐☐☐☐	동	범하다, 저지르다, 위탁하다
¹⁸ **compete**	☐☐☐☐☐	동	경쟁하다, 겨루다
¹⁹ **compose**	☐☐☐☐☐	동	구성하다, 짓다, 작곡하다
²⁰ **compulsion**	☐☐☐☐☐	명	강제, 충동
²¹ **conceal**	☐☐☐☐☐	동	숨기다, 감추다
²² **confidence**	☐☐☐☐☐	명	신임, 신뢰, 확신
²³ **connection**	☐☐☐☐☐	명	관계, 연락, 연결
²⁴ **consumption**	☐☐☐☐☐	명	소비, 소모
²⁵ **count**	☐☐☐☐☐	명 계산, 총수 동 세다, 계산하다

★몰랐던 단어에 체크해 주세요

몇회차 만에 25단어가 외어지는지
체크해 주세요

1회차	2회차	3회차	4회차	5회차
/25	/25	/25	/25	/25

²⁶ **creep**	☐☐☐☐☐	동	기어가다, 포복하다
²⁷ **data**	☐☐☐☐☐	명	데이터, 자료
²⁸ **definition**	☐☐☐☐☐	명	정의, 한정
²⁹ **demonstrate**	☐☐☐☐☐	동	논증하다, 설명하다, 시위하다
³⁰ **depression**	☐☐☐☐☐	명	불경기, 우울, 저기압
³¹ **descendant**	☐☐☐☐☐	명	자손, 후손
³² **dignity**	☐☐☐☐☐	명	존엄, 위엄
³³ **disadvantage**	☐☐☐☐☐	명	불리, 불이익
³⁴ **due**	☐☐☐☐☐	형	지불기일이 된, 당연한
³⁵ **endure**	☐☐☐☐☐	동	견디다, 인내하다
³⁶ **enthusiasm**	☐☐☐☐☐	명	열광, 감격, 열중
³⁷ **equip**	☐☐☐☐☐	동	장비를 갖추다, 채비를 하다
³⁸ **exclusively**	☐☐☐☐☐	부	배타적으로, 독점적으로, 오직
³⁹ **expectation**	☐☐☐☐☐	명	예상, 기대
⁴⁰ **external**	☐☐☐☐☐	형	외부의, 밖의, 외국의
⁴¹ **extra**	☐☐☐☐☐	형	여분의, 임시의, 특별한
⁴² **female**	☐☐☐☐☐	형 여성의 명	여성
⁴³ **flourish**	☐☐☐☐☐	동	번창하다, 번영하다
⁴⁴ **folk**	☐☐☐☐☐	명 사람들, 가족 형	민속의, 민간의
⁴⁵ **foundation**	☐☐☐☐☐	명	토대, 설립, 재단
⁴⁶ **fuel**	☐☐☐☐☐	명	연료
⁴⁷ **fulfill**	☐☐☐☐☐	동	이행하다, 실행하다
⁴⁸ **geography**	☐☐☐☐☐	명	지리학, 지리
⁴⁹ **hell**	☐☐☐☐☐	명	지옥, 나락
⁵⁰ **idleness**	☐☐☐☐☐	명	게으름, 나태

★몰랐던 단어에 체크해 주세요

1회차	2회차	3회차	4회차	5회차
/25	/25	/25	/25	/25

10A

⁵¹ **impatient**	☐☐☐☐☐	형 성급한, 참을성 없는, 안달하는
⁵² **independence**	☐☐☐☐☐	명 독립, 자립
⁵³ **induce**	☐☐☐☐☐	동 유도하다, 권유하다
⁵⁴ **insight**	☐☐☐☐☐	명 통찰력, 식견
⁵⁵ **instead**	☐☐☐☐☐	부 대신에, 그 대신에
⁵⁶ **irrational**	☐☐☐☐☐	형 이성이 없는, 불합리한
⁵⁷ **justify**	☐☐☐☐☐	동 정당화하다, 정당함을 증명하다
⁵⁸ **loss**	☐☐☐☐☐	명 손실, 손해, 패배
⁵⁹ **meanwhile**	☐☐☐☐☐	부 그 동안에, 한편
⁶⁰ **medium**	☐☐☐☐☐	형 중간의, 보통의　명 매개, 수단 (pl. media)
⁶¹ **nowadays**	☐☐☐☐☐	부 오늘날, 요즈음
⁶² **outlook**	☐☐☐☐☐	명 조망, 전망, 시야
⁶³ **pause**	☐☐☐☐☐	명 잠깐 멈춤, 중단
⁶⁴ **persist**	☐☐☐☐☐	동 고집하다, 주장하다, 지속하다
⁶⁵ **popularity**	☐☐☐☐☐	명 인기, 유행, 평판
⁶⁶ **preserve**	☐☐☐☐☐	동 보호하다, 보존하다
⁶⁷ **privilege**	☐☐☐☐☐	명 특권, 명예
⁶⁸ **profession**	☐☐☐☐☐	명 직업, 전문직, 선언
⁶⁹ **profound**	☐☐☐☐☐	형 깊은, 심오한
⁷⁰ **prospect**	☐☐☐☐☐	명 전망, 예상, 기대
⁷¹ **random**	☐☐☐☐☐	형 임의의, 무작위의
⁷² **readily**	☐☐☐☐☐	부 쉽사리, 즉시, 흔쾌히
⁷³ **replace**	☐☐☐☐☐	동 제자리에 놓다, 교체하다
⁷⁴ **rescue**	☐☐☐☐☐	동 구출하다, 구조하다　명 구조
⁷⁵ **responsible**	☐☐☐☐☐	형 책임이 있는, 신뢰할 수 있는

★몰랐던 단어에 체크해 주세요

몇회차 만에 25단어가 외어지는지
체크해 주세요

1회차	2회차	3회차	4회차	5회차
╱25	╱25	╱25	╱25	╱25

76 **satisfactory**	☐☐☐☐☐	형 만족스러운, 충분한
77 **secretary**	☐☐☐☐☐	명 비서, 장관
78 **shortage**	☐☐☐☐☐	명 부족, 결핍
79 **stare**	☐☐☐☐☐	동 응시하다, 노려보다
80 **stimulate**	☐☐☐☐☐	동 자극하다, 활력을 주다
81 **storage**	☐☐☐☐☐	명 저장, 보관
82 **strain**	☐☐☐☐☐	동 잡아당기다, 긴장시키다
83 **sum**	☐☐☐☐☐	명 총계, 합계 동 합계하다
84 **surplus**	☐☐☐☐☐	명 나머지, 잉여, 흑자
85 **survey**	☐☐☐☐☐	동 조사하다, 살펴보다 명 조사, 개론
86 **swing**	☐☐☐☐☐	동 흔들리다, 진동하다 명 흔들림, 진동, 그네
87 **temperament**	☐☐☐☐☐	명 기질, 체질
88 **terror**	☐☐☐☐☐	명 공포, 무서움, 테러
89 **thoroughly**	☐☐☐☐☐	부 완전히, 철저히
90 **threat**	☐☐☐☐☐	명 위협, 협박
91 **trace**	☐☐☐☐☐	명 흔적, 발자국
92 **undoubtedly**	☐☐☐☐☐	부 의심할 여지없이, 확실히
93 **union**	☐☐☐☐☐	명 결합, 조합
94 **unless**	☐☐☐☐☐	접 ~이 아닌 한, 만약 ~이 아니면
95 **utility**	☐☐☐☐☐	명 실용성, 공공시설, 공익사업
96 **violence**	☐☐☐☐☐	명 폭력, 난폭, 격렬
97 **virtue**	☐☐☐☐☐	명 미덕, 도덕적 행위
98 **vote**	☐☐☐☐☐	동 투표하다 명 투표
99 **wage**	☐☐☐☐☐	명 임금, 급여
100 **witness**	☐☐☐☐☐	명 목격자, 증인 동 목격하다

★몰랐던 단어에 체크해 주세요

1회차	2회차	3회차	4회차	5회차
/25	/25	/25	/25	/25

10B

퀴즈로 달성도 체크 1……30

1 형용사편

adverse ❶	ⓐ 여분의, 임시의, 특별한
due ❷	ⓑ ~에 반대하는, 거스르는
external ❸	ⓒ 이성이 없는, 불합리한
extra ❹	ⓓ 지불기일이 된, 당연한
impatient ❺	ⓔ 깊은, 심오한
irrational ❻	ⓕ 만족스러운, 충분한
profound ❼	ⓖ 외부의, 밖의, 외국의
random ❽	ⓗ 책임이 있는
responsible ❾	ⓘ 성급한, 참을성 없는
satisfactory ❿	ⓙ 임의의, 무작위의

2 동사편

announce ❶	ⓐ 비난하다, 나무라다
blame ❷	ⓑ 청구하다, 책임을 지우다
charge ❸	ⓒ 정당화하다
commit ❹	ⓓ 발표하다, 공표하다
demonstrate ❺	ⓔ 고집하다, 주장하다
induce ❻	ⓕ 설명하다, 시위하다
justify ❼	ⓖ 자극하다, 활력을 주다
persist ❽	ⓗ 투표하다/투표
stimulate ❾	ⓘ 범하다, 위탁하다
vote ❿	ⓙ 유도하다, 권유하다

3 동사편

attain ❶	ⓐ 경쟁하다, 겨루다
combine ❷	ⓑ 기어가다, 포복하다
compete ❸	ⓒ 달성하다, 이루다
compose ❹	ⓓ 이행하다, 실행하다
creep ❺	ⓔ 구성하다, 짓다, 작곡하다
equip ❻	ⓕ 결합하다, 합치다
flourish ❼	ⓖ 구출하다, 구조하다/구조
fulfill ❽	ⓗ 번창하다, 번영하다
preserve ❾	ⓘ 장비를 갖추다
rescue ❿	ⓙ 보호하다, 보존하다

❶1-b 2-d 3-g 4-a 5-i 6-c 7-e 8-j 9-h 10-f ❷1-d 2-a 3-b 4-i 5-f 6-j 7-c 8-e 9-g 10-h
❸1-c 2-f 3-a 4-e 5-b 6-i 7-h 8-d 9-j 10-g

140

901……1000

4 동사편

alarm ❶	ⓐ 숨기다, 감추다
bother ❷	ⓑ 보듬다, 품다
cherish ❸	ⓒ 제자리에 놓다, 교체하다
conceal ❹	ⓓ 괴롭히다, 귀찮게 하다
endure ❺	ⓔ 경보를 울리다/놀람, 경보
replace ❻	ⓕ 잡아당기다, 긴장시키다
stare ❼	ⓖ 흔들리다, 진동하다/그네
strain ❽	ⓗ 조사하다, 살펴보다/조사
survey ❾	ⓘ 응시하다, 노려보다
swing ❿	ⓙ 견디다, 인내하다

5 명사편

category ❶	ⓐ 데이터, 자료
count ❷	ⓑ 토대, 설립, 재단
data ❸	ⓒ 범주, 분류
definition ❹	ⓓ 통찰력, 식견
expectation ❺	ⓔ 중간의, 보통의/매개, 수단
foundation ❻	ⓕ 정의, 한정
insight ❼	ⓖ 계산, 총수/세다, 계산하다
medium ❽	ⓗ 예상, 기대
outlook ❾	ⓘ 전망, 예상, 기대
prospect ❿	ⓙ 조망, 전망, 시야

6 명사편

consumption ❶	ⓐ 불리, 불이익
depression ❷	ⓑ 부족, 결핍
disadvantage ❸	ⓒ 불경기, 우울, 저기압
loss ❹	ⓓ 소비, 소모
shortage ❺	ⓔ 저장, 보관
storage ❻	ⓕ 나머지, 잉여, 흑자
sum ❼	ⓖ 손실, 손해, 패배
surplus ❽	ⓗ 임금, 급여
utility ❾	ⓘ 총계, 합계/합계하다
wage ❿	ⓙ 실용성, 공공시설, 공익사업

---

❹1-e 2-d 3-b 4-a 5-j 6-c 7-i 8-f 9-h 10-g ❺1-c 2-g 3-a 4-f 5-h 6-b 7-d 8-e 9-j 10-i
❻1-d 2-c 3-a 4-g 5-b 6-e 7-i 8-f 9-j 10-h

7 명사편

background ❶	ⓐ 독립, 자립
biography ❷	ⓑ 직업, 전문직, 선언
dignity ❸	ⓒ 배경, 경력
independence ❹	ⓓ 전기, 일대기
popularity ❺	ⓔ 비서, 장관
privilege ❻	ⓕ 기질, 체질
profession ❼	ⓖ 특권, 명예
secretary ❽	ⓗ 존엄, 위엄
temperament ❾	ⓘ 미덕, 도덕적 행위
virtue ❿	ⓙ 인기, 유행, 평판

8 명사편

cattle ❶	ⓐ 자손, 후손
confidence ❷	ⓑ 가축
connection ❸	ⓒ 연료
descendant ❹	ⓓ 관계, 연락, 연결
female ❺	ⓔ 지리학, 지리
folk ❻	ⓕ 신임, 신뢰, 확신
fuel ❼	ⓖ 결합, 조합
geography ❽	ⓗ 사람들, 가족/민속의
pause ❾	ⓘ 여성의/여성
union ❿	ⓙ 잠깐 멈춤, 중단

9 명사편

beast ❶	ⓐ 강제, 충동
compulsion ❷	ⓑ 열광, 감격, 열중
enthusiasm ❸	ⓒ 공포, 무서움, 테러
hell ❹	ⓓ 짐승, 야수
idleness ❺	ⓔ 목격자, 증인/목격하다
terror ❻	ⓕ 지옥, 나락
threat ❼	ⓖ 폭력, 난폭, 격렬
trace ❽	ⓗ 위협, 협박
violence ❾	ⓘ 게으름, 나태한
witness ❿	ⓙ 흔적, 발자국

❼1-c 2-d 3-h 4-a 5-j 6-g 7-b 8-e 9-f 10-i ❽1-b 2-f 3-d 4-a 5-i 6-h 7-c 8-e 9-j 10-g
❾1-d 2-a 3-b 4-f 5-i 6-c 7-h 8-j 9-g 10-e

10B

according ❶	ⓐ 그 동안에, 한편
apart ❷	ⓑ 배타적으로, 독점적으로
exclusively ❸	ⓒ ~에 따라서, ~에 의해서
instead ❹	ⓓ 의심할 여지없이, 확실히
meanwhile ❺	ⓔ 산산이, 뿔뿔이, 따로
nowadays ❻	ⓕ 쉽사리, 즉시, 흔쾌히
readily ❼	ⓖ ~이 아닌 한
thoroughly ❽	ⓗ 완전히, 철저히
undoubtedly ❾	ⓘ 대신에, 그 대신에
unless ❿	ⓙ 오늘날, 요즈음

⓾ 부사etc

Challenge Quiz

다음의 단어의 설명으로서 적당한 것을 아래로부터 선택해 주세요.

☐ background ( ) ☐ definition ( ) ☐ profession ( )
☐ biography ( ) ☐ insight ( ) ☐ prospect ( )
☐ consumption ( ) ☐ loss ( ) ☐ shortage ( )

☐ a statement of the exact meaning of a word
☐ the possibility that something will happen
☐ understanding the true nature of something
☐ how much money a business loses
☐ the story of one person□s life that another person writes
☐ a job that requires a lot of studying and special training
☐ the things at the back in a picture
☐ a situation in which there is not enough of something
☐ eating, drinking or using something

⓾1-c 2-e 3-b 4-i 5-a 6-j 7-f 8-h 9-d 10-g
【챌린지 퀴즈】 1-g 2-e 3-i 4-a 5-c 6-d 7-f 8-b 9-h

10 C

¹ **according to today's paper**	오늘 신문에 따르면
² **an adverse effect**	역효과
³ **be alarmed at the sudden change**	갑작스러운 변화에 놀라다
⁴ **announce the news to the whole nation**	전국에 그 뉴스를 알리다
⁵ **apart from the problem**	그 문제와는 별개로
⁶ **attain one's goals**	목적을 달성하다
⁷ **the political background of the war**	그 전쟁의 정치적 배경
⁸ **tame a wild beast**	야수를 길들이다
⁹ **be famous enough to <u>justify</u> a biography**	자서전을 내는 것이 당연할 만큼 유명하다
¹⁰ **blame him for his <u>idleness</u>**	그를 게으르다고 비난하다
¹¹ **Don't bother to answer this note.**	애써서 이 편지에 답할 필요없다.
¹² **<u>according</u> to grammatical categories**	문법적인 구분에 따라
¹³ **a common disease in cattle**	소들에게 흔한 질병
¹⁴ **<u>fulfill</u> the charge**	책임을 이행하다
¹⁵ **one's long-cherished desire**	오랫동안 품어온 소망
¹⁶ **combine theory with practice**	이론에 실행을 결합하다
¹⁷ **commit a crime**	죄를 범하다
¹⁸ **compete in price**	가격 경쟁을 하다
¹⁹ **The committee was composed of 10 men.**	위원회는 10인으로 구성되었다.
²⁰ **by compulsion**	강제로
²¹ **conceal a listening device**	도청기를 숨기다
²² **have confidence in one s ability**	자기 능력에 자신감을 가지다
²³ **have a <u>privileged</u> connection with him**	그와 특권적인 연계가 있다
²⁴ **<u>stimulate</u> consumption**	소비를 자극하다
²⁵ **<u>according</u> to the correct count**	정확한 계산에 따라

10C

당신은 이제 문장을
읽을 수 있다 !

[26] creep into an empty house	빈 집 안으로 슬며시 기어 들다
[27] survey the data	그 자료를 조사하다
[28] a satisfactory definition	만족스러운 정의
[29] demonstrate how the machine works	기계 사용법을 설명하다
[30] a commercial depression	상거래의 불황
[31] a female descendant	여자 후손
[32] lose one's dignity	품위를 떨어뜨리다
[33] discuss the advantages and disadvantages	득실을 논하다
[34] The failure is due to his idleness.	실패는 그의 게으름 탓이다.
[35] as long as life endures	목숨이 붙어있는 한
[36] demonstrate enthusiasm for a proposal	제안에 대한 열정을 보여주다
[37] equip oneself thoroughly	완벽하게 채비하다
[38] a car exclusively for female passengers	여성 승객 전용차
[39] fulfill the expectations of one's parents	부모의 기대를 충족시키다
[40] enemies external and internal	안팎의 적
[41] an extra charge	할증 요금
[42] female drivers	여성 운전자
[43] Folk music flourished in the 1970s.	1970년대에는 포크뮤직이 번성했다.
[44] folk medicine	민간의료
[45] the logical foundation of a belief	믿음의 논리적 토대
[46] consumption of fuel	연료 소비
[47] Try to fulfill your duty.	의무를 완수하도록 노력하라.
[48] physical geography	자연지리학
[49] go through hell	지옥의 고통을 겪다
[50] He accused me of idleness.	그는 내가 게으르다고 꾸짖었다.

51	**an impatient answer**	성급한 반응
52	**demonstrate one's independence**	자신의 독립을 나타내보이다
53	**an illness induced by overwork**	과로로 인한 질병
54	**a profound insight**	깊은 통찰
55	**I'll take coffee instead of tea.**	홍차 대신 커피를 마시겠다.
56	**an irrational fear**	비이성적인 두려움
57	**The end justifies the means.**	목적이 수단을 정당화한다.
58	**loss of dignity**	권위의 실추
59	**He was sleeping. Meanwhile she was cooking.**	그는 자고 있었다. 그동안 그녀는 요리를 하고 있었다.
60	**Air is a medium for sound.**	공기는 소리의 매체이다.
61	**Everything is going up nowadays.**	요즘 모든 것이 다 오르고 있다.
62	**the long-term economic outlook**	장기적인 경제전망
63	**without a pause**	쉬지 않고
64	**He persists in his opinion.**	그는 자기 의견을 고집한다.
65	**His popularity endured for 10 years.**	그의 인기는 10년간 지속되었다.
66	**preserve folk tales**	전래 설화를 보존하다
67	**attain the privilege**	특권을 얻다
68	**female professions**	여성의 직업
69	**a profound scholar**	조예가 깊은 학자
70	**an alarming prospect**	불안한 전망
71	**random data**	무작위 데이터
72	**I will do it readily.**	나는 기꺼이 그것을 하겠다.
73	**replace butter with margarine**	버터 대신 마가린을 쓰다
74	**rescue the drowning child**	물에 빠진 아이를 구조하다
75	**Idleness was responsible for the failure.**	그 실패는 게으름 탓이다.

⁷⁶ **a satisfactory answer** — 만족스러운 답

⁷⁷ **a private secretary** — 개인 비서

⁷⁸ **a critical shortage of food** — 위급한 식량 부족

⁷⁹ **He stared into her eyes.** — 그는 그녀의 눈을 응시했다.

⁸⁰ **Demand stimulates production.** — 수요는 생산을 자극한다.

⁸¹ **a tank for the storage of fuel oil** — 연료유 저장 탱크

⁸² **strain one's voice** — 목소리를 쥐어짜다

⁸³ **a large sum of money** — 거액의 돈

⁸⁴ **expand trade surplus** — 무역흑자를 확대하다

⁸⁵ **a public opinion survey** — 여론조사

⁸⁶ **swing the bat** — 배트를 휘두르다

⁸⁷ **He inherited his father's temperament.** — 그는 아버지의 기질을 물려받았다.

⁸⁸ **be frozen in terror** — 공포로 얼어붙다

⁸⁹ **She was thoroughly bored.** — 그녀는 정말 따분해 했다.

⁹⁰ **an external threat** — 외부의 위협

⁹¹ **the trace of memory** — 기억의 흔적

⁹² **Undoubtedly, this is a profound truth.** — 의심할 여지 없이 이것은 심오한 진리다.

⁹³ **a labor union** — 노동조합

⁹⁴ **I'll be there, unless I'm busy.** — 바쁘지 않다면 거기에 가겠다.

⁹⁵ **a public utility** — 공공 편의시설

⁹⁶ **irrational violence** — 비이성적 폭력

⁹⁷ **preserve fundamental Korean virtues** — 기본적인 한국의 미덕을 보존하다

⁹⁸ **count the votes after an election** — 선거 후 표를 세다

⁹⁹ **receive extra wages for doing extra work** — 잔업 분에 대해 할증 급여를 받다

¹⁰⁰ **according to witnesses** — 목격자들에 의하면

10D

마 무 리 체 크

1 — 100

1 □ due	26 □ charge	51 □ outlook	76 □ secretary
2 □ sum	27 □ commit	52 □ persist	77 □ stimulate
3 □ data	28 □ endure	53 □ readily	78 □ background
4 □ folk	29 □ female	54 □ replace	79 □ compulsion
5 □ fuel	30 □ induce	55 □ storage	80 □ confidence
6 □ hell	31 □ medium	56 □ surplus	81 □ connection
7 □ loss	32 □ random	57 □ utility	82 □ definition
8 □ vote	33 □ rescue	58 □ witness	83 □ depression
9 □ wage	34 □ strain	59 □ announce	84 □ descendant
10 □ alarm	35 □ survey	60 □ category	85 □ enthusiasm
11 □ apart	36 □ terror	61 □ external	86 □ foundation
12 □ beast	37 □ threat	62 □ flourish	87 □ irrational
13 □ blame	38 □ unless	63 □ idleness	88 □ popularity
14 □ count	39 □ virtue	64 □ nowadays	89 □ profession
15 □ creep	40 □ adverse	65 □ preserve	90 □ thoroughly
16 □ equip	41 □ cherish	66 □ profound	91 □ consumption
17 □ extra	42 □ combine	67 □ prospect	92 □ demonstrate
18 □ pause	43 □ compete	68 □ shortage	93 □ exclusively
19 □ stare	44 □ compose	69 □ violence	94 □ expectation
20 □ swing	45 □ conceal	70 □ according	95 □ responsible
21 □ trace	46 □ dignity	71 □ biography	96 □ temperament
22 □ union	47 □ fulfill	72 □ geography	97 □ undoubtedly
23 □ attain	48 □ insight	73 □ impatient	98 □ disadvantage
24 □ bother	49 □ instead	74 □ meanwhile	99 □ independence
25 □ cattle	50 □ justify	75 □ privilege	100 □ satisfactory

11 1001···1100

advertisement	destiny	fragment	predict
amusement	discard	freeze	pretend
analyze	dismiss	glory	recover
approval	distribute	gravity	regret
assert	document	hesitate	relief
assure	dozen	illusion	rely
basis	dwell	inquiry	repair
biology	earn	insult	reserve
bit	embody	intellect	resort
burden	emphasis	interpreter	resource
cling	employee	investigation	rhythm
code	endeavor	launch	satisfy
comfort	enforce	link	score
comprehend	ensure	logic	seed
conclude	envy	luxury	sensation
confront	era	mammal	sentence
consist	exceed	merit	strengthen
constitute	excuse	mislead	surpass
context	exhibit	misunderstanding	tension
contribute	explode	mold	title
convert	exploit	muscle	tragedy
crash	fail	myth	translation
declare	fancy	neglect	treasure
decrease	fascinate	operation	treat
deliver	favor	plunge	vehicle

1 **advertisement**	☐☐☐☐☐	명 광고, 선전
2 **amusement**	☐☐☐☐☐	명 재미, 오락
3 **analyze**	☐☐☐☐☐	동 분석하다, 검토하다
4 **approval**	☐☐☐☐☐	명 승인, 찬성
5 **assert**	☐☐☐☐☐	동 단언하다, 강력히 주장하다
6 **assure**	☐☐☐☐☐	동 보증하다, 확신시키다
7 **basis**	☐☐☐☐☐	명 기초, 기본원리
8 **biology**	☐☐☐☐☐	명 생물학, 생태
9 **bit**	☐☐☐☐☐	명 작은 조각, 조금, 비트
10 **burden**	☐☐☐☐☐	명 무거운 짐, 부담
11 **cling**	☐☐☐☐☐	동 달라붙다, 집착하다
12 **code**	☐☐☐☐☐	명 암호, 법전(法典)
13 **comfort**	☐☐☐☐☐	명 위로, 위안 동 위로하다
14 **comprehend**	☐☐☐☐☐	동 이해하다, 포함하다
15 **conclude**	☐☐☐☐☐	동 끝내다, 결론짓다
16 **confront**	☐☐☐☐☐	동 대면하다, 직면하다
17 **consist**	☐☐☐☐☐	동 ~로 구성되다, ~로 이루어지다
18 **constitute**	☐☐☐☐☐	동 구성하다, 제정하다, 설립하다
19 **context**	☐☐☐☐☐	명 문맥, 전후 관계
20 **contribute**	☐☐☐☐☐	동 기부하다, 공헌하다
21 **convert**	☐☐☐☐☐	동 바꾸다, 전환하다
22 **crash**	☐☐☐☐☐	명 쾅, 충돌, 폭락 동 충돌하다
23 **declare**	☐☐☐☐☐	동 선언하다, 선포하다
24 **decrease**	☐☐☐☐☐	동 줄다, 감소하다 명 감소
25 **deliver**	☐☐☐☐☐	동 배달하다, 넘겨주다

★몰랐던 단어에 체크해 주세요

몇회차 만에 25단어가 외어지는지
체크해 주세요

1회차	2회차	3회차	4회차	5회차
╱25	╱25	╱25	╱25	╱25

²⁶ **destiny**	☐☐☐☐☐	명 운명, 숙명
²⁷ **discard**	☐☐☐☐☐	동 버리다, 포기하다
²⁸ **dismiss**	☐☐☐☐☐	동 해고하다, 해산하다
²⁹ **distribute**	☐☐☐☐☐	동 분배하다, 배포하다
³⁰ **document**	☐☐☐☐☐	명 문서, 기록
³¹ **dozen**	☐☐☐☐☐	명 다스, 12개
³² **dwell**	☐☐☐☐☐	동 살다, 거주하다
³³ **earn**	☐☐☐☐☐	동 벌다, 일하여 얻다
³⁴ **embody**	☐☐☐☐☐	동 구체화하다, 구현하다
³⁵ **emphasis**	☐☐☐☐☐	명 강조, 중요성
³⁶ **employee**	☐☐☐☐☐	명 종업원, 사원
³⁷ **endeavor**	☐☐☐☐☐	명 노력, 시도 동 노력하다
³⁸ **enforce**	☐☐☐☐☐	동 시행하다, 강요하다
³⁹ **ensure**	☐☐☐☐☐	동 안전하게 하다, 보증하다
⁴⁰ **envy**	☐☐☐☐☐	동 부러워하다, 질투하다 명 질투, 시기
⁴¹ **era**	☐☐☐☐☐	명 시대, 연대
⁴² **exceed**	☐☐☐☐☐	동 넘다, 초과하다
⁴³ **excuse**	☐☐☐☐☐	동 용서하다, 변명을 대다 명 변명, 핑계
⁴⁴ **exhibit**	☐☐☐☐☐	동 전시하다, 보이다 명 전시
⁴⁵ **explode**	☐☐☐☐☐	동 터지다, 폭발하다
⁴⁶ **exploit**	☐☐☐☐☐	동 개발하다, 착취하다
⁴⁷ **fail**	☐☐☐☐☐	동 실패하다
⁴⁸ **fancy**	☐☐☐☐☐	명 공상, 상상, 애호
⁴⁹ **fascinate**	☐☐☐☐☐	동 매료시키다, 반하게 하다
⁵⁰ **favor**	☐☐☐☐☐	명 친절한 행위, 호의 동 편들다, 베풀다

★몰랐던 단어에 체크해 주세요

1회차	2회차	3회차	4회차	5회차
╱25	╱25	╱25	╱25	╱25

51	**fragment**	☐☐☐☐☐	몡 부서진 조각, 파편
52	**freeze**	☐☐☐☐☐	뙁 얼다, 얼게 하다
53	**glory**	☐☐☐☐☐	몡 영광, 영화
54	**gravity**	☐☐☐☐☐	몡 중력, 지구인력, 중대함
55	**hesitate**	☐☐☐☐☐	뙁 주저하다, 머뭇거리다
56	**illusion**	☐☐☐☐☐	몡 환상, 환영, 착각
57	**inquiry**	☐☐☐☐☐	몡 조사, 연구, 질문
58	**insult**	☐☐☐☐☐	뙁 모욕하다, 욕보이다 몡 모욕
59	**intellect**	☐☐☐☐☐	몡 지성, 지식인
60	**interpreter**	☐☐☐☐☐	몡 해설자, 통역
61	**investigation**	☐☐☐☐☐	몡 수사, 조사
62	**launch**	☐☐☐☐☐	뙁 진수시키다, 진출하다, 착수하다
63	**link**	☐☐☐☐☐	몡 연결, 고리 뙁 연결하다
64	**logic**	☐☐☐☐☐	몡 논리학, 논리
65	**luxury**	☐☐☐☐☐	몡 사치, 호화, 사치품
66	**mammal**	☐☐☐☐☐	몡 포유류, 포유동물
67	**merit**	☐☐☐☐☐	몡 장점, 우수성, 공로
68	**mislead**	☐☐☐☐☐	뙁 잘못 이끌다, 오도하다
69	**misunderstanding**	☐☐☐☐☐	몡 오해, 의견 차이
70	**mold**	☐☐☐☐☐	몡 주형, 특성, 성질 뙁 형성하다
71	**muscle**	☐☐☐☐☐	몡 근육, 완력
72	**myth**	☐☐☐☐☐	몡 신화
73	**neglect**	☐☐☐☐☐	뙁 무시하다, 게을리 하다
74	**operation**	☐☐☐☐☐	몡 작용, 운전, 작전, 수술
75	**plunge**	☐☐☐☐☐	뙁 내던지다, 뛰어들다

★몰랐던 단어에 체크해 주세요

1회차	2회차	3회차	4회차	5회차
/25	/25	/25	/25	/25

몇회차 만에 25단어가 외어지는지
체크해 주세요

76 **predict**	☐☐☐☐☐	동 예언하다, 예보하다	
77 **pretend**	☐☐☐☐☐	동 가장하다, ~인 체하다	
78 **recover**	☐☐☐☐☐	동 되찾다, 회복하다	
78 **regret**	☐☐☐☐☐	동 후회하다, 섭섭하게 생각하다	명 후회
80 **relief**	☐☐☐☐☐	명 구원, 경감, 안심	
81 **rely**	☐☐☐☐☐	동 의지하다, 믿다	
82 **repair**	☐☐☐☐☐	동 수리하다, 고치다	명 수리
83 **reserve**	☐☐☐☐☐	동 예약하다, 보유하다	명 비축, 적립금
84 **resort**	☐☐☐☐☐	동 의지하다, 자주 드나들다	명 행락지, 의지
85 **resource**	☐☐☐☐☐	명 자원, 원천, 자질	
86 **rhythm**	☐☐☐☐☐	명 리듬, 율동	
87 **satisfy**	☐☐☐☐☐	동 만족시키다, 충족시키다	
88 **score**	☐☐☐☐☐	명 득점, 성적	동 득점하다
89 **seed**	☐☐☐☐☐	명 씨, 종자	동 씨를 뿌리다
90 **sensation**	☐☐☐☐☐	명 감각, 느낌, 대사건	
91 **sentence**	☐☐☐☐☐	명 문장, 판결, 선고	
92 **strengthen**	☐☐☐☐☐	동 강하게 하다, 강화하다	
93 **surpass**	☐☐☐☐☐	동 ~보다 낫다, 능가하다	
94 **tension**	☐☐☐☐☐	명 긴장, 팽팽함	
95 **title**	☐☐☐☐☐	명 제목, 직함, 선수권	동 제목을 붙이다
96 **tragedy**	☐☐☐☐☐	명 비극, 참사	
97 **translation**	☐☐☐☐☐	명 번역, 해석	
98 **treasure**	☐☐☐☐☐	명 보물, 귀중품	동 소중히 간직하다
99 **treat**	☐☐☐☐☐	동 다루다, 대하다, 치료하다	명 대접
100 **vehicle**	☐☐☐☐☐	명 차량, 탈것, 매개체	

★몰랐던 단어에 체크해 주세요

1회차	2회차	3회차	4회차	5회차
/25	/25	/25	/25	/25

① 동사편

assure ❶	ⓐ 이해하다, 포함하다
comprehend ❷	ⓑ 분배하다, 배포하다
discard ❸	ⓒ 벌다, 일하여 얻다
dismiss ❹	ⓓ 안전하게 하다, 보증하다
distribute ❺	ⓔ 보증하다, 확신시키다
earn ❻	ⓕ 제목, 직함, 선수권
ensure ❼	ⓖ 해고하다, 해산하다
rely ❽	ⓗ 버리다, 포기하다
resort ❾	ⓘ 의지하다, 자주 드나들다
title ❿	ⓙ 의지하다, 믿다

② 동사편

assert ❶	ⓐ 끝내다, 결론짓다
conclude ❷	ⓑ 구성하다, 제정하다, 설립하다
constitute ❸	ⓒ 단언하다, 강력히 주장하다
declare ❹	ⓓ 가장하다, ~인 체하다
deliver ❺	ⓔ 용서하다, 변명을 대다/핑계
enforce ❻	ⓕ 만족시키다, 충족시키다
excuse ❼	ⓖ 배달하다, 넘겨주다
predict ❽	ⓗ 선언하다, 선포하다
pretend ❾	ⓘ 예언하다, 예보하다
satisfy ❿	ⓙ 시행하다, 강요하다

③ 동사편

confront ❶	ⓐ 터지다, 폭발하다
convert ❷	ⓑ 대면하다, 직면하다
decrease ❸	ⓒ 넘다, 초과하다
exceed ❹	ⓓ ~보다 낫다, 능가하다
explode ❺	ⓔ 줄다, 감소하다/감소
exploit ❻	ⓕ 바꾸다, 전환하다
insult ❼	ⓖ 진출하다, 착수하다
launch ❽	ⓗ 내던지다, 뛰어들다
plunge ❾	ⓘ 모욕하다, 욕보이다/모욕
surpass ❿	ⓙ 개발하다, 착취하다

---

❶1-e 2-a 3-h 4-g 5-b 6-c 7-d 8-j 9-i 10-f ❷1-c 2-a 3-b 4-h 5-g 6-j 7-e 8-i 9-d 10-f
❸1-b 2-f 3-e 4-c 5-a 6-j 7-i 8-g 9-h 10-d

4 동사편

dwell ❶	ⓐ 부러워하다, 질투하다/시기
envy ❷	ⓑ 얼다, 얼게 하다
fail ❸	ⓒ 주저하다, 머뭇거리다
freeze ❹	ⓓ 살다, 거주하다
hesitate ❺	ⓔ 후회하다, 섭섭하게 생각하다
mislead ❻	ⓕ 실패하다
recover ❼	ⓖ 잘못 이끌다, 오도하다
regret ❽	ⓗ 예약하다/비축, 적립금
repair ❾	ⓘ 수리하다, 고치다/수리
reserve ❿	ⓙ 되찾다, 회복하다

5 동사편

analyze ❶	ⓐ 달라붙다, 집착하다
cling ❷	ⓑ 매료시키다, 반하게 하다
consist ❸	ⓒ 분석하다, 검토하다
contribute ❹	ⓓ 구체화하다, 구현하다
embody ❺	ⓔ 전시하다, 보이다/전시
exhibit ❻	ⓕ ~로 구성되다, ~로 이루어지다
fascinate ❼	ⓖ 강하게 하다, 강화하다
neglect ❽	ⓗ 다루다, 치료하다/ 대접
strengthen ❾	ⓘ 기부하다, 공헌하다
treat ❿	ⓙ 무시하다, 게을리 하다

6 명사편

biology ❶	ⓐ 포유류, 포유동물
era ❷	ⓑ 생물학, 생태
gravity ❸	ⓒ 조사, 연구, 질문
inquiry ❹	ⓓ 수사, 조사
investigation ❺	ⓔ 시대, 연대
link ❻	ⓕ 자원, 원천, 자질
mammal ❼	ⓖ 중력, 지구인력, 중대함
muscle ❽	ⓗ 씨, 종자/씨를 뿌리다
resource ❾	ⓘ 근육, 완력
seed ❿	ⓙ 연결, 고리/연결하다

④1-d 2-a 3-f 4-b 5-c 6-g 7-j 8-e 9-i 10-h ⑤1-c 2-a 3-f 4-i 5-d 6-e 7-b 8-j 9-g 10-h
⑥1-b 2-e 3-g 4-c 5-d 6-j 7-a 8-i 9-f 10-h

⑦ 명사편

basis ❶	ⓐ 지성, 지식인
code ❷	ⓑ 문장, 판결, 선고
context ❸	ⓒ 암호, 법전(法典)
document ❹	ⓓ 논리학, 논리
employee ❺	ⓔ 기초, 기본원리
intellect ❻	ⓕ 문서, 기록
interpreter ❼	ⓖ 문맥, 전후 관계
logic ❽	ⓗ 종업원, 사원
sentence ❾	ⓘ 해설자, 통역
translation ❿	ⓙ 번역, 해석

⑧ 명사편

advertisement ❶	ⓐ 승인, 찬성
approval ❷	ⓑ 친절한 행위, 베풀다
endeavor ❸	ⓒ 구원, 경감, 안심
favor ❹	ⓓ 광고, 선전
glory ❺	ⓔ 노력, 시도/노력하다
luxury ❻	ⓕ 오해, 의견 차이
misunderstanding ❼	ⓖ 작용, 운전, 작전, 수술
operation ❽	ⓗ 사치, 호화, 사치품
relief ❾	ⓘ 보물, 귀중품
treasure ❿	ⓙ 영광, 영화

⑨ 명사편

amusement ❶	ⓐ 위로, 위안/위로하다
comfort ❷	ⓑ 재미, 오락
destiny ❸	ⓒ 공상, 상상, 애호
fancy ❹	ⓓ 환상, 환영, 착각
illusion ❺	ⓔ 운명, 숙명
myth ❻	ⓕ 비극, 참사
rhythm ❼	ⓖ 득점, 성적/득점하다
score ❽	ⓗ 리듬, 율동
tension ❾	ⓘ 신화
tragedy ❿	ⓙ 긴장, 팽팽함

⑦1-e 2-c 3-g 4-f 5-h 6-a 7-i 8-d 9-b 10-j　⑧1-d 2-a 3-e 4-b 5-j 6-h 7-f 8-g 9-c 10-i
⑨1-b 2-a 3-e 4-c 5-d 6-i 7-h 8-g 9-j 10-f

⑩ 명사편

bit ❶	❺ 다스, 12개
burden ❷	❻ 부서진 조각, 파편
crash ❸	❼ 작은 조각, 조금, 비트
dozen ❹	❽ 쾅, 충돌, 폭락/충돌하다
emphasis ❺	❾ 무거운 짐, 부담
fragment ❻	❿ 차량, 탈것, 매개체
merit ❼	⓰ 주형, 특성, 성질/형성하다
mold ❽	⓱ 장점, 우수성, 공로
sensation ❾	⓲ 감각, 느낌, 대사건
vehicle ❿	⓳ 강조, 중요성

Challenge Quiz
챌린지 퀴즈

다음의 단어의 설명으로서 적당한 것을 아래로부터 선택해 주세요.

☐ **biology** ( ) ☐ **operation** ( ) ☐ **score** ( )
☐ **document** ( ) ☐ **resources** ( ) ☐ **seed** ( )
☐ **mammal** ( ) ☐ **rhythm** ( ) ☐ **vehicle** ( )

☐ an animal that drinks its mother's milk when it is young
☐ the scientific study of living things
☐ a small grain from which a new plant grows
☐ a piece of paper with official information on it
☐ things that a person or a country has and can use
☐ the act of cutting a person's body to take out or mend something inside
☐ any thing that carries people from one place to another
☐ a regular pattern of sounds
☐ the number of points or goals scored by each side in a game

⑩1-c 2-e 3-d 4-a 5-j 6-b 7-h 8-g 9-i 10-f
【챌린지 퀴즈】 1-b 2-d 3-a 4-f 5-e 6-h 7-i 8-c 9-g

¹ **Advertisements** often **mislead** people. 광고는 종종 사람들을 오도한다.

² **find amusement in biology** 생물학에서 즐거움을 발견하다

³ **analyze a sentence** 문장을 분석하다

⁴ **earn** his approval 그의 승인을 얻어내다

⁵ **assert** with **emphasis** that ... ~을 역설하다

⁶ **I can assure you of his honesty.** 그의 정직함을 당신에게 보증할 수 있다.

⁷ **contribute** articles on a regular basis 정기적으로 기사를 기고하다

⁸ **study the biology of a mammal** 어떤 포유동물의 생태를 연구하다

⁹ **a bit of land** 조그마한 땅

¹⁰ **This tax constitutes a burden.** 이 세금이 부담을 준다.

¹¹ **cling to an old concept** 낡은 개념에 집착하다

¹² **a telegram in code** 암호 전보

¹³ **seek comfort in religion** 종교에서 위안을 찾다

¹⁴ **I could not comprehend the meaning.** 그 의미를 이해할 수 없었다.

¹⁵ **conclude a business deal** 사업적 거래를 결론짓다

¹⁶ **confront danger** 위험에 직면하다

¹⁷ **The test consists of many parts.** 그 시험은 여러 파트로 구성되어 있다.

¹⁸ **Twelve months constitute one year.** 12개월이 1년을 이룬다.

¹⁹ **understand a sentence from the context** 문맥에서 문장을 이해하다

²⁰ **contribute to the Red Cross** 적십자사에 기부하다

²¹ **convert property into cash** 재산을 현금으로 바꾸다

²² **a four-car crash** 4중 충돌

²³ **He was declared guilty.** 그는 유죄 선고를 받았다.

²⁴ **a decrease in production** 생산량 감소

²⁵ **He delivers newspapers.** 그는 신문을 배달한다.

²⁶ **shape** someone s **destiny** 누구의 운명을 결정하다

²⁷ **The theory was discarded.** 그 이론은 폐기되었다.

²⁸ **be dismissed for neglect of duty** 직무 태만으로 해고되다

²⁹ **distribute food to the poor** 가난한 사람들에게 음식을 나누어주다

³⁰ **deliver blank documents** 빈 용지를 배달하다

³¹ **sell eggs by the dozen** 달걀을 12개 단위로 판다

³² **dwell on a lonely island** 외로운 섬에 거주하다

³³ **earn a good monthly income** 상당한 금액의 월급을 받다

³⁴ **embody one's idea in a poem** 자신의 생각을 시로 구현하다

³⁵ **This point merits emphasis.** 이 점은 강조할 만하다.

³⁶ **dismiss an employee** 종업원을 해고하다

³⁷ **an endeavor to recover lost time** 잃어버린 시간을 회복하려는 노력

³⁸ **enforce the law** 법을 시행하다

³⁹ **ensure a good income to the employees** 종업원들에게 고소득을 확약하다

⁴⁰ **envy their success** 그들의 성공을 부러워하다

⁴¹ **an era of decline** 쇠퇴의 시대

⁴² **The demand exceeded the supply.** 수요가 공급을 초과했다.

⁴³ **make a reasonable excuse** 이치에 닿는 변명을 하다

⁴⁴ **exhibit new products in a shop** 점포에 신상품을 전시하다

⁴⁵ **A bomb exploded in the car.** 차에서 폭탄이 폭발했다.

⁴⁶ **exploit natural resources** 천연자원을 개발하다

⁴⁷ **The attempt failed.** 그 시도는 실패했다.

⁴⁸ **a story based on fancy** 공상에 기초한 이야기

⁴⁹ **His performance fascinated the audience.** 그의 공연은 관객을 매료시켰다.

⁵⁰ **receive a favor** 호의를 받다

⁵¹ **join fragments together**   조각을 하나로 모으다

⁵² **Water freezes at 32°F.**   물은 화씨 32도에서 언다.

⁵³ **covered in glory**   명예를 입은

⁵⁴ **the center of gravity**   무게 중심

⁵⁵ **hesitate before replying**   답하기 전에 망설이다

⁵⁶ **have illusions about one's ability**   자기 능력에 대해 환상을 가지다

⁵⁷ **respond to an inquiry**   질의에 응답하다

⁵⁸ **They insulted his <u>intellect</u>.**   그들은 그의 지성을 모욕했다.

⁵⁹ **the intellects of the age**   당대의 지성인들

⁶⁰ **a reliable interpreter**   믿을 만한 통역자

⁶¹ **<u>conclude</u> the investigation**   수사를 마치다

⁶² **An <u>investigation</u> has been launched.**   조사는 시작되었다.

⁶³ **a link with the past**   과거와의 연결

⁶⁴ **I couldn't follow his logic.**   그의 논리를 이해할 수가 없었다.

⁶⁵ **an unusual luxury**   유별난 사치

⁶⁶ **a wild mammal**   야생 포유동물

⁶⁷ **promotion by merit**   업적에 의한 승진

⁶⁸ **The old map misled us.**   옛날 지도가 길을 잘못 들게 했다.

⁶⁹ **resolve a misunderstanding**   오해를 풀다

⁷⁰ **break the mold**   틀을 깨다

⁷¹ **stretch one's back muscles**   등 근육을 쭉 펴다

⁷² **The myth was <u>exploded</u>.**   그 신화는 타파되었다.

⁷³ **neglect one's health**   자기 건강을 등한시하다

⁷⁴ **They <u>launched</u> the <u>relief</u> operation.**   그들은 구제활동에 나섰다.

⁷⁵ **plunge into war**   전쟁에 돌입하다

76	I'll predict **your future.**	네 미래를 예언하겠다.
77	pretend **to be absent from home**	집에 없는 척하다
78	recover **from a disaster**	재해에서 복구되다
79	I regret **dismissing the employees.**	나는 종업원들을 해고한 것을 후회한다.
80	**distribute** relief	구호품을 나누어주다
81	rely **on one's own effort**	자신의 노력을 믿다
82	repair **one's health**	건강을 회복하다
83	reserve **a room at a hotel**	호텔 방을 하나 예약하다
84	resort **to emergency measures**	비상수단에 의지하다
85	be rich in natural **resources**	천연자원이 풍부하다
86	the rhythm **of a heart beating**	심장의 박동
87	satisfy **a condition**	조건을 충족시키다
88	The scores had **decreased.**	점수가 내려갔다.
89	How does this plant **distribute** its seeds?	이 식물은 씨앗을 어떻게 퍼뜨리지?
90	the scientific sensation **of the last century**	지난 세기 과학계의 대사건
91	serve **one's** sentence **in jail**	교도소에서 복역하다
92	strengthen **muscles**	근육을 강화하다
93	She surpassed her previous best **score.**	그녀는 자신의 이전 최고득점을 초과했다.
94	**muscle** tension	근육 긴장
95	**earn** the title **of ...**	~ 칭호를 얻다
96	a tragedy of **misunderstanding**	오해의 비극
97	finish a **translation**	번역을 마치다
98	a national **treasure**	국보
99	treat **her as an adult**	그녀를 성인으로 대우하다
100	a **launch** vehicle	(미사일, 우주선 등) 발사용 로켓

1 ☐ bit	26 ☐ assure	51 ☐ deliver	76 ☐ document
2 ☐ era	27 ☐ burden	52 ☐ destiny	77 ☐ emphasis
3 ☐ code	28 ☐ embody	53 ☐ discard	78 ☐ employee
4 ☐ earn	29 ☐ ensure	54 ☐ dismiss	79 ☐ endeavor
5 ☐ envy	30 ☐ exceed	55 ☐ enforce	80 ☐ fragment
6 ☐ fail	31 ☐ excuse	56 ☐ exhibit	81 ☐ hesitate
7 ☐ link	32 ☐ freeze	57 ☐ explode	82 ☐ illusion
8 ☐ mold	33 ☐ insult	58 ☐ exploit	83 ☐ resource
9 ☐ myth	34 ☐ launch	59 ☐ gravity	84 ☐ sentence
10 ☐ rely	35 ☐ luxury	60 ☐ inquiry	85 ☐ treasure
11 ☐ seed	36 ☐ mammal	61 ☐ mislead	86 ☐ amusement
12 ☐ basis	37 ☐ muscle	62 ☐ neglect	87 ☐ fascinate
13 ☐ cling	38 ☐ plunge	63 ☐ predict	88 ☐ intellect
14 ☐ crash	39 ☐ regret	64 ☐ pretend	89 ☐ operation
15 ☐ dozen	40 ☐ relief	65 ☐ recover	90 ☐ sensation
16 ☐ dwell	41 ☐ repair	66 ☐ reserve	91 ☐ comprehend
17 ☐ fancy	42 ☐ resort	67 ☐ satisfy	92 ☐ constitute
18 ☐ favor	43 ☐ rhythm	68 ☐ surpass	93 ☐ contribute
19 ☐ glory	44 ☐ analyze	69 ☐ tension	94 ☐ distribute
20 ☐ logic	45 ☐ biology	70 ☐ tragedy	95 ☐ strengthen
21 ☐ merit	46 ☐ comfort	71 ☐ vehicle	96 ☐ interpreter
22 ☐ score	47 ☐ consist	72 ☐ approval	97 ☐ translation
23 ☐ title	48 ☐ context	73 ☐ conclude	98 ☐ advertisement
24 ☐ treat	49 ☐ convert	74 ☐ confront	99 ☐ investigation
25 ☐ assert	50 ☐ declare	75 ☐ decrease	100 ☐ misunderstanding

12 1101···→1200

absence	crime	minor	signify
abuse	criticize	murder	sincere
accurate	debate	mutual	solid
administration	defense	nation	soul
alter	delay	outcome	splendid
antarctic	destination	patient	stable
apparent	discomfort	persuade	steady
architecture	disturb	pile	sufficient
arctic	doubtful	poison	sympathy
attachment	dread	pollution	tremble
awful	eager	precious	tropical
broadcast	elderly	prestige	uncomfortable
budget	engage	primary	undertake
calculate	enterprise	punishment	unexpected
campaign	expense	pursue	unite
casual	expose	recommendation	upset
chemistry	false	refer	urge
colleague	fate	resemble	vain
complaint	focus	restore	venture
concrete	fortunate	retire	victim
confirm	incredible	rude	viewpoint
construct	interrupt	ruin	volunteer
contrary	landscape	scheme	weary
convenient	legal	scratch	wheat
conversation	load	severe	wound

1 **absence**	☐☐☐☐☐	명	부재, 결석
2 **abuse**	☐☐☐☐☐	동 남용하다, 학대하다 명 남용, 학대
3 **accurate**	☐☐☐☐☐	형	정확한, 정밀한
4 **administration**	☐☐☐☐☐	명	행정, 경영
5 **alter**	☐☐☐☐☐	동	바꾸다, 변경하다
6 **antarctic**	☐☐☐☐☐	형	남극의, 남극지방의
7 **apparent**	☐☐☐☐☐	형	명백한, 뚜렷이 보이는
8 **architecture**	☐☐☐☐☐	명	건축, 건축물
9 **arctic**	☐☐☐☐☐	형	북극의, 극한의
10 **attachment**	☐☐☐☐☐	명	부착, 부속물, 애착
11 **awful**	☐☐☐☐☐	형	지독한, 무서운
12 **broadcast**	☐☐☐☐☐	동 방송하다 명 방송
13 **budget**	☐☐☐☐☐	명	예산, 경비
14 **calculate**	☐☐☐☐☐	동	계산하다, 추정하다
15 **campaign**	☐☐☐☐☐	명 운동, 선거운동 동 운동에 참가하다
16 **casual**	☐☐☐☐☐	형	우연의, 무심결의, 평상복의
17 **chemistry**	☐☐☐☐☐	명	화학
18 **colleague**	☐☐☐☐☐	명	동료
19 **complaint**	☐☐☐☐☐	명	불평, 불만
20 **concrete**	☐☐☐☐☐	형 구체적인, 실제의 명 콘크리트
21 **confirm**	☐☐☐☐☐	동	확인하다, 승인하다
22 **construct**	☐☐☐☐☐	동	건설하다, 구축하다
23 **contrary**	☐☐☐☐☐	형 반대의, 불리한 명 정반대
24 **convenient**	☐☐☐☐☐	형	편리한, 사용하기 좋은
25 **conversation**	☐☐☐☐☐	명	대화, 회화

★몰랐던 단어에 체크해 주세요

몇회차 만에 25단어가 외어지는지
체크해 주세요

1회차	2회차	3회차	4회차	5회차
/25	/25	/25	/25	/25

²⁶ **crime**	☐☐☐☐☐	명 죄, 범죄
²⁷ **criticize**	☐☐☐☐☐	동 비평하다, 비난하다
²⁸ **debate**	☐☐☐☐☐	동 토론하다 명 토론, 논쟁
²⁹ **defense**	☐☐☐☐☐	명 방어, 변호
³⁰ **delay**	☐☐☐☐☐	명 지연, 연기 동 연기하다, 늦추다
³¹ **destination**	☐☐☐☐☐	명 목적지, 행선지
³² **discomfort**	☐☐☐☐☐	명 불쾌, 불안
³³ **disturb**	☐☐☐☐☐	동 방해하다, 어지럽히다
³⁴ **doubtful**	☐☐☐☐☐	형 의심스러운, 불확실한
³⁵ **dread**	☐☐☐☐☐	명 공포, 불안 동 무서워하다
³⁶ **eager**	☐☐☐☐☐	형 열망하는, 간절히 하고 싶어하는
³⁷ **elderly**	☐☐☐☐☐	형 나이가 지긋한, 구식의
³⁸ **engage**	☐☐☐☐☐	동 종사하다, 고용하다, 약속하다, 약혼하다
³⁹ **enterprise**	☐☐☐☐☐	명 기업, 사업, 모험심
⁴⁰ **expense**	☐☐☐☐☐	명 비용, 경비
⁴¹ **expose**	☐☐☐☐☐	동 노출하다, 폭로하다, 진열하다
⁴² **false**	☐☐☐☐☐	형 잘못된, 거짓의
⁴³ **fate**	☐☐☐☐☐	명 운명, 운
⁴⁴ **focus**	☐☐☐☐☐	명 초점, 중심 동 초점을 맞추다
⁴⁵ **fortunate**	☐☐☐☐☐	형 행운의, 운이 좋은
⁴⁶ **incredible**	☐☐☐☐☐	형 놀라운, 믿어지지 않는
⁴⁷ **interrupt**	☐☐☐☐☐	동 가로막다, 중단시키다 명 중단, 개입
⁴⁸ **landscape**	☐☐☐☐☐	명 경치, 경관, 조망
⁴⁹ **legal**	☐☐☐☐☐	형 법률의, 합법적인
⁵⁰ **load**	☐☐☐☐☐	명 짐, 화물, 부담 동 짐을 싣다

★몰랐던 단어에 체크해 주세요

1회차	2회차	3회차	4회차	5회차
/25	/25	/25	/25	/25

51	**minor**	☐☐☐☐☐	형 소수의, 중요하지 않은 명 미성년자
52	**murder**	☐☐☐☐☐	명 살인, 살인사건 동 살해하다
53	**mutual**	☐☐☐☐☐	형 서로의, 상호의, 공통의
54	**nation**	☐☐☐☐☐	명 국민, 민족, 국가
55	**outcome**	☐☐☐☐☐	명 결과, 성과
56	**patient**	☐☐☐☐☐	형 참을성 있는, 끈기 있는 명 환자
57	**persuade**	☐☐☐☐☐	동 설득하다, 납득시키다
58	**pile**	☐☐☐☐☐	명 쌓아올린 더미, 대량
59	**poison**	☐☐☐☐☐	명 독, 독약
60	**pollution**	☐☐☐☐☐	명 오염, 공해
61	**precious**	☐☐☐☐☐	형 귀중한, 값비싼
62	**prestige**	☐☐☐☐☐	명 명성, 위신
63	**primary**	☐☐☐☐☐	형 주요한, 으뜸가는, 최초의
64	**punishment**	☐☐☐☐☐	명 벌, 형벌
65	**pursue**	☐☐☐☐☐	동 쫓다, 추적하다, 추구하다
66	**recommendation**	☐☐☐☐☐	명 추천, 권유
67	**refer**	☐☐☐☐☐	동 언급하다, 조회하다, 참조하다
68	**resemble**	☐☐☐☐☐	동 닮다, 유사하다
69	**restore**	☐☐☐☐☐	동 복구하다, 복직시키다
70	**retire**	☐☐☐☐☐	동 은퇴하다, 물러나다
71	**rude**	☐☐☐☐☐	형 버릇없는, 가공하지 않은, 거친
72	**ruin**	☐☐☐☐☐	명 폐허, 파멸 동 파멸시키다
73	**scheme**	☐☐☐☐☐	명 계획, 설계, 음모
74	**scratch**	☐☐☐☐☐	동 할퀴다, 긁다
75	**severe**	☐☐☐☐☐	형 엄한, 엄격한, 격심한

★몰랐던 단어에 체크해 주세요

	1회차	2회차	3회차	4회차	5회차
몇회차 만에 25단어가 외어지는지 체크해 주세요	/25	/25	/25	/25	/25

76 **signify**	☐☐☐☐☐	동	알리다, 의미하다
77 **sincere**	☐☐☐☐☐	형	성실한, 정직한
78 **solid**	☐☐☐☐☐	형 고체의, 굳은, 튼튼한 명 고체
79 **soul**	☐☐☐☐☐	명	영혼, 정신
80 **splendid**	☐☐☐☐☐	형	화려한, 눈부신
81 **stable**	☐☐☐☐☐	형 안정된, 견실한 명 마구간
82 **steady**	☐☐☐☐☐	형	확고한, 꾸준한, 불변의
83 **sufficient**	☐☐☐☐☐	형	충분한
84 **sympathy**	☐☐☐☐☐	명	공감, 동정
85 **tremble**	☐☐☐☐☐	동	떨다, 진동하다
86 **tropical**	☐☐☐☐☐	형	열대의, 열대성의
87 **uncomfortable**	☐☐☐☐☐	형	마음이 편치 않은, 불편한
88 **undertake**	☐☐☐☐☐	동	떠맡다, 착수하다
89 **unexpected**	☐☐☐☐☐	형	예기치 못한, 뜻밖의
90 **unite**	☐☐☐☐☐	동	결합하다, 합치다
91 **upset**	☐☐☐☐☐	동 뒤엎다, 당황하게 하다 형 뒤집힌, 혼란에 빠진
92 **urge**	☐☐☐☐☐	동	재촉하다, 촉구하다
93 **vain**	☐☐☐☐☐	형	헛된, 허영심이 강한
94 **venture**	☐☐☐☐☐	명 모험, 모험적 사업 동 위험을 무릅쓰고 ~하다
95 **victim**	☐☐☐☐☐	명	희생자, 피해자
96 **viewpoint**	☐☐☐☐☐	명	관점, 입장
97 **volunteer**	☐☐☐☐☐	명	지원자, 자원 봉사자
98 **weary**	☐☐☐☐☐	형	피곤한, 지친
99 **wheat**	☐☐☐☐☐	명	밀, 소맥
100 **wound**	☐☐☐☐☐	명 부상, 상처 동 부상을 입히다

★몰랐던 단어에 체크해 주세요

1회차	2회차	3회차	4회차	5회차
/25	/25	/25	/25	/25

1 형용사편

accurate ❶	ⓐ 명백한, 뚜렷이 보이는
apparent ❷	ⓑ 법률의, 합법적인
concrete ❸	ⓒ 고체의, 굳은, 튼튼한/고체
legal ❹	ⓓ 구체적인, 실제의/콘크리트
primary ❺	ⓔ 정확한, 정밀한
severe ❻	ⓕ 성실한, 정직한
sincere ❼	ⓖ 엄한, 엄격한, 격심한
solid ❽	ⓗ 확고한, 꾸준한, 불변의
stable ❾	ⓘ 안정된, 견실한/마구간
steady ❿	ⓙ 주요한, 으뜸가는, 최초의

2 형용사편

awful ❶	ⓐ 놀라운, 믿어지지 않는
casual ❷	ⓑ 의심스러운, 불확실한
doubtful ❸	ⓒ 잘못된, 거짓의
false ❹	ⓓ 지독한, 무서운
incredible ❺	ⓔ 마음이 편치 않은, 불편한
rude ❻	ⓕ 우연의, 무심결의, 평상복의
uncomfortable ❼	ⓖ 헛된, 허영심이 강한
unexpected ❽	ⓗ 버릇없는, 가공하지 않은, 거친
upset ❾	ⓘ 뒤엎다, 당황하게 하다
vain ❿	ⓙ 예기치 못한, 뜻밖의

3 형용사편

convenient ❶	ⓐ 소수의/미성년자
eager ❷	ⓑ 나이가 지긋한, 구식의
elderly ❸	ⓒ 편리한, 사용하기 좋은
fortunate ❹	ⓓ 열망하는
minor ❺	ⓔ 귀중한, 값비싼
patient ❻	ⓕ 화려한, 눈부신
precious ❼	ⓖ 피곤한, 지친
splendid ❽	ⓗ 행운의, 운이 좋은
sufficient ❾	ⓘ 참을성 있는, 끈기 있는/환자
weary ❿	ⓙ 충분한

❶1-e 2-a 3-d 4-b 5-j 6-g 7-f 8-c 9-i 10-h ❷1-d 2-f 3-b 4-c 5-a 6-h 7-e 8-j 9-i 10-g
❸1-c 2-d 3-b 4-h 5-a 6-i 7-e 8-f 9-j 10-g

4 形容詞+동사편	antarctic ❶	ⓐ 북극의, 극한의
	arctic ❷	ⓑ 남극의, 남극지방의
	contrary ❸	ⓒ 서로의, 상호의, 공통의
	mutual ❹	ⓓ 반대의, 불리한/정반대
	tropical ❺	ⓔ 열대의, 열대성의
	abuse ❻	ⓕ 할퀴다, 긁다
	disturb ❼	ⓖ 떨다, 진동하다
	interrupt ❽	ⓗ 남용하다, 학대하다/남용, 학대
	scratch ❾	ⓘ 가로막다, 중단시키다/개입
	tremble ❿	ⓙ 방해하다, 어지럽히다

5 동사편	calculate ❶	ⓐ 확인하다, 승인하다
	confirm ❷	ⓑ 토론하다/토론, 논쟁
	construct ❸	ⓒ 계산하다, 추정하다
	criticize ❹	ⓓ 결합하다, 합치다
	debate ❺	ⓔ 언급하다, 조회하다, 참조하다
	persuade ❻	ⓕ 알리다, 의미하다
	refer ❼	ⓖ 건설하다, 구축하다
	signify ❽	ⓗ 재촉하다, 촉구하다
	unite ❾	ⓘ 비평하다, 비난하다
	urge ❿	ⓙ 설득하다, 납득시키다

6 동사편	alter ❶	ⓐ 초점, 중심/초점을 맞추다
	broadcast ❷	ⓑ 종사하다, 고용하다, 약속하다
	engage ❸	ⓒ 바꾸다, 변경하다
	expose ❹	ⓓ 노출하다, 폭로하다, 진열하다
	focus ❺	ⓔ 방송하다/방송
	pursue ❻	ⓕ 복구하다, 복직시키다
	resemble ❼	ⓖ 쫓다, 추적하다, 추구하다
	restore ❽	ⓗ 은퇴하다, 물러나다
	retire ❾	ⓘ 떠맡다, 착수하다
	undertake ❿	ⓙ 닮다, 유사하다

❹1-b 2-a 3-d 4-c 5-e 6-h 7-j 8-i 9-f 10-g　❺1-c 2-a 3-g 4-i 5-b 6-j 7-e 8-f 9-d 10-h
❻1-c 2-e 3-b 4-d 5-a 6-g 7-j 8-f 9-h 10-i

7 명사편

administration ❶	ⓐ 국민, 민족, 국가
budget ❷	ⓑ 오염, 공해
enterprise ❸	ⓒ 비용, 경비
expense ❹	ⓓ 예산, 경비
nation ❺	ⓔ 행정, 경영
outcome ❻	ⓕ 기업, 사업, 모험심
pollution ❼	ⓖ 모험, 모험적 사업
recommendation ❽	ⓗ 계획, 설계, 음모
scheme ❾	ⓘ 추천, 권유
venture ❿	ⓙ 결과, 성과

8 명사편

colleague ❶	ⓐ 대화, 회화
complaint ❷	ⓑ 동료
conversation ❸	ⓒ 운명, 운
discomfort ❹	ⓓ 공포, 불안/무서워하다
dread ❺	ⓔ 공감, 동정
fate ❻	ⓕ 명성, 위신
prestige ❼	ⓖ 불평, 불만
soul ❽	ⓗ 지원자, 자원 봉사자
sympathy ❾	ⓘ 불쾌, 불안
volunteer ❿	ⓙ 영혼, 정신

9 명사편

crime ❶	ⓐ 독, 독약
defense ❷	ⓑ 방어, 변호
murder ❸	ⓒ 살인, 살인사건/살해하다
pile ❹	ⓓ 죄, 범죄
poison ❺	ⓔ. 벌, 형벌
punishment ❻	ⓕ 부상, 상처/부상을 입히다
ruin ❼	ⓖ 관점, 입장
victim ❽	ⓗ 쌓아올린 더미, 대량
viewpoint ❾	ⓘ 폐허, 파멸/파멸시키다
wound ❿	ⓙ 희생자, 피해자

❼1-e 2-d 3-f 4-c 5-a 6-j 7-b 8-i 9-h 10-g ❽1-b 2-g 3-a 4-i 5-d 6-c 7-f 8-j 9-e 10-h
❾1-d 2-b 3-c 4-h 5-a 6-e 7-i 8-j 9-g 10-f

⑩ 명사편

absence ❶	ⓐ 부착, 부속물, 애착
architecture ❷	ⓑ 지연, 연기/연기하다, 늦추다
attachment ❸	ⓒ 부재, 결석
campaign ❹	ⓓ 경치, 경관, 조망
chemistry ❺	ⓔ 건축, 건축물
delay ❻	ⓕ 밀, 소맥
destination ❼	ⓖ 화학
landscape ❽	ⓗ 목적지, 행선지
load ❾	ⓘ 운동, 선거운동
wheat ❿	ⓙ 짐, 화물, 부담/짐을 싣다

Challenge Quiz
챌린지 퀴즈

다음의 단어의 설명으로서 적당한 것을 아래로부터 선택해 주세요.

☐ **budget** ( )　☐ **expense** ( )　☐ **pollution** ( )
☐ **conversation** ( )　☐ **fate** ( )　☐ **sympathy** ( )
☐ **destination** ( )　☐ **poison** ( )　☐ **victim** ( )

☐ the process of making the air, water or soil dirty and dangerous
☐ a plan for how to spend money
☐ the amount of money you spend on something
☐ talk between two or more people
☐ the power that some people believe controls everything that happens
☐ understanding another person's feelings and problems
☐ a person or animal that is hurt or killed by somebody or something
☐ a substance that kills or harms you if you eat or drink it
☐ the place where somebody is going

⑩1-c 2-e 3-a 4-i 5-g 6-b 7-h 8-d 9-j 10-f
【챌린지 퀴즈】 1-b 2-d 3-i 4-c 5-e 6-h 7-a 8-f 9-g

12C

당신은 이제 문장을 읽을 수 있다 !

1……25

¹ **a complete absence of order**	완전한 무질서 (질서의 부재)
² **abuse one's eyes**	눈을 혹사하다
³ **an accurate solution**	정확한 해답
⁴ **city administration**	도시행정
⁵ **alter one's opinion**	자기 의견을 바꾸다
⁶ **the Antarctic[Arctic] expedition**	남극(북극) 탐험
⁷ **It is apparent that she is upset.**	그녀는 제정신이 아닌 게 분명하다.
⁸ **restore old architecture**	옛 건축물을 복원하다
⁹ **the Arctic[Antarctic] Zone**	북극대 (남극대)
¹⁰ **a camera attachment**	카메라 부속물
¹¹ **an awful crime**	무서운 범죄
¹² **a foreign language broadcast**	외국어 방송
¹³ **The expense is beyond my budget.**	지출이 내 예산을 넘어선다.
¹⁴ **calculate expenses**	비용을 계산하다
¹⁵ **undertake a campaign against ...**	~에 대한 반대운동을 하다
¹⁶ **casual expenses**	임시 비용
¹⁷ **organic chemistry**	유기화학
¹⁸ **an administration colleague**	행정부 동료
¹⁹ **a minor complaint**	소소한 불만
²⁰ **a concrete example**	구체적 사례
²¹ **confirm plane reservations**	비행기 예약을 확인하다
²² **construct a theory**	학설을 수립하다
²³ **contrary to my expectations**	내 예상과 반대로
²⁴ **if it is convenient for you**	당신이 괜찮으시다면
²⁵ **change the topic of conversation**	대화의 화제를 바꾸다

²⁶ **expose** a **crime**	범죄를 적발하다
²⁷ **criticize** the present **administration**	현정부를 비판하다
²⁸ **engage** him in **debate**	그를 토론에 끌어들이다
²⁹ He **undertook** his own **defense**.	그는 그 스스로 자신을 변호했다.
³⁰ **carry out** a **punishment** without **delay**	지체 없이 벌을 실행하다.
³¹ the **destination** of a train	열차의 목적지
³² **discomfort** index	불쾌지수
³³ Don't **disturb** our **conversation**.	우리 대화를 방해하지 마라.
³⁴ He was **doubtful** about the **outcome**.	그는 그 결과에 자신이 없었다.
³⁵ Most people **dread** **punishment**.	대부분의 사람은 벌을 무서워한다.
³⁶ He is **eager** to **pursue** pleasure.	그는 열렬히 쾌락을 추구한다.
³⁷ **elderly** **patients**	나이든 환자들
³⁸ He is **engaged** in the election **campaign**.	그는 선거운동에 참여하고 있다.
³⁹ **undertake** a difficult **enterprise**	어려운 사업을 떠맡다
⁴⁰ **unexpected** expenses	예기치 못한 비용
⁴¹ The **crime** was **exposed** by the press.	그 범죄는 신문에 의해 폭로되었다.
⁴² **false arrest**	불법체포
⁴³ an unlucky **victim** of fate	불행한 운명의 희생자
⁴⁴ **bring** an **object** into **focus**	대상물에 초점을 맞추다
⁴⁵ a **fortunate** event	행운의 사건
⁴⁶ an **incredible** cost	믿을 수 없는 가격
⁴⁷ The **broadcast** was **interrupted**.	방송이 중단되었다.
⁴⁸ **alter** the landscape	경관을 바꾸다
⁴⁹ **legal** age	법정 연령
⁵⁰ **load** a ship to **capacity**	배에 화물을 최대로 싣다

⁵¹ a minor **crime**	경범죄
⁵² **murder a person with poison**	독으로 사람을 죽이다
⁵³ **mutual understanding**	상호이해
⁵⁴ **a major[minor] nation**	강대국(소국)
⁵⁵ **the inevitable outcome**	불가피한 결과
⁵⁶ **patient research**	끈기 있는 연구
⁵⁷ **He was persuaded to retire.**	그는 사퇴를 권유받았다.
⁵⁸ **a considerable pile of debts**	상당한 액수의 빚
⁵⁹ **kill oneself with poison**	음독 자살하다
⁶⁰ **water pollution**	수질오염
⁶¹ **Freedom is precious.**	자유는 값진 것이다.
⁶² **loss of national prestige**	국가 위신의 실추
⁶³ **the primary suspect**	1차 용의자
⁶⁴ **"Crime and Punishment"**	죄와 벌
⁶⁵ **pursue fame**	명성을 추구하다
⁶⁶ **by the recommendation of a friend**	친구의 추천으로
⁶⁷ **Don't refer to the matter again.**	그 문제를 다시는 언급하지 마라.
⁶⁸ **Jim resembles his father.**	짐은 그 아버지를 닮았다.
⁶⁹ **restore one's reputation**	명성을 회복하다
⁷⁰ **retire from a firm**	회사에서 퇴직하다
⁷¹ **a rude manner**	무례한 태도
⁷² **fall to utter ruin**	완전 폐허가 되다
⁷³ **strengthen the legal aid scheme**	법률구조제도를 강화하다
⁷⁴ **scratch up a pile of earth**	흙을 산더미처럼 쌓다
⁷⁵ **severe tropical storms**	맹렬한 열대성 폭풍

76 What does your silence signify?   네 침묵이 뜻하는 게 뭐냐?

77 You have my sincerest sympathy.   당신에게 깊은 동정의 마음을 보냅니다.

78 Water in a solid state is ice.   고체 상태의 물이 얼음이다.

79 one's weary soul   지친 마음

80 a splendid display of precious stones   보석들의 화려한 진열

81 stable foundations   안정된 기초

82 get a steady job   정규직이 되다

83 sufficient conditions   충분조건

84 mutual sympathy   상호공감

85 tremble with anger   분노로 부들부들 떨다

86 tropical fish   열대어

87 an uncomfortable memory   불쾌한 기억

88 undertake a dangerous enterprise   위험한 사업을 착수하다

89 Expect the unexpected!   예기치 못한 일을 예상하라.

90 unite minor parties into one   소수당이 연합하여 하나가 되다

91 get upset about trivial matters   사소한 문제로 동요하다

92 They urged him to retire.   그들은 그에게 물러나라고 촉구했다.

93 All his efforts were in vain.   그의 모든 노력은 물거품이 되었다.

94 undertake a venture   모험 사업을 시작하다

95 a crime victim   범죄의 희생자

96 the viewpoint of the average consumer   평균적 소비자의 관점

97 organize volunteers   자원 봉사단을 조직하다

98 be weary of life   삶에 지치다

99 sow wheat seeds in a field   밭에 밀씨를 뿌리다

100 a severe wound   심한 부상

12 D

1 ☐ fate	26 ☐ wound	51 ☐ patient	76 ☐ colleague
2 ☐ load	27 ☐ arctic	52 ☐ primary	77 ☐ complaint
3 ☐ pile	28 ☐ budget	53 ☐ restore	78 ☐ construct
4 ☐ rude	29 ☐ casual	54 ☐ scratch	79 ☐ criticize
5 ☐ ruin	30 ☐ debate	55 ☐ signify	80 ☐ fortunate
6 ☐ soul	31 ☐ engage	56 ☐ sincere	81 ☐ interrupt
7 ☐ urge	32 ☐ expose	57 ☐ tremble	82 ☐ landscape
8 ☐ vain	33 ☐ murder	58 ☐ venture	83 ☐ pollution
9 ☐ abuse	34 ☐ mutual	59 ☐ accurate	84 ☐ undertake
10 ☐ alter	35 ☐ nation	60 ☐ apparent	85 ☐ viewpoint
11 ☐ awful	36 ☐ poison	61 ☐ campaign	86 ☐ volunteer
12 ☐ crime	37 ☐ pursue	62 ☐ concrete	87 ☐ attachment
13 ☐ delay	38 ☐ retire	63 ☐ contrary	88 ☐ convenient
14 ☐ dread	39 ☐ scheme	64 ☐ doubtful	89 ☐ discomfort
15 ☐ eager	40 ☐ severe	65 ☐ persuade	90 ☐ enterprise
16 ☐ false	41 ☐ stable	66 ☐ precious	91 ☐ incredible
17 ☐ focus	42 ☐ steady	67 ☐ prestige	92 ☐ punishment
18 ☐ legal	43 ☐ victim	68 ☐ resemble	93 ☐ sufficient
19 ☐ minor	44 ☐ absence	69 ☐ splendid	94 ☐ unexpected
20 ☐ refer	45 ☐ confirm	70 ☐ sympathy	95 ☐ destination
21 ☐ solid	46 ☐ defense	71 ☐ tropical	96 ☐ architecture
22 ☐ unite	47 ☐ disturb	72 ☐ antarctic	97 ☐ conversation
23 ☐ upset	48 ☐ elderly	73 ☐ broadcast	98 ☐ uncomfortable
24 ☐ weary	49 ☐ expense	74 ☐ calculate	99 ☐ administration
25 ☐ wheat	50 ☐ outcome	75 ☐ chemistry	100 ☐

경이로운 실증 데이터 **3**

대학입시 필수 레벨

여기까지 [대학입시 필수레벨] 400 단어의 학습을 마쳤습니다.
마침내 1200 단어 마스터입니다. 그러면 이 1200 단어가 [대학입시 장
문문제]에서 어떻게 사용되고 있는지 게이오 대학의 입시문제 예(例)
로 확인하여 보겠습니다. 이러한 수준 높은 문제에서도 나오는 단어
는 이 책의 1200 단어로 완전히 커버(COVER)하고 있는 것을 확인하
여 주십시오. 이 1200 단어는 당신의 일생의 보물입니다.

● 「센터 시험 레벨」 400 단어 + 「대학 입시 빈출 레벨」 400 단어 + 「대학 입시 필수 레벨」 400 단어(파
생어 포함한다)

Space is an essential framework of all modes of thought.
From physics to aesthetics, from myth and magic to common
everyday life, space, in conjunction with time, provides a
fundamental ordering system connecting every aspect of
thought. We are constantly reminded of the function of space
when we use such expressions in ordinary language as
'Everything has its place', or 'To which one are you referring,
this one here, not that one there?' The 'here', the 'there',
the 'place' refer to part of a spatial framework for knowledge
about the world. In short, things occur or exist in relation
to space and time. Even the definitions of these words are
closely connected. A thing is defined as an event, fact or
occurrence. To occur is to happen or to take place. To exist

is to have being in relation to space and time. This mingling
of space and thing and space's entry into every realm of
thought makes it a particularly important, but difficult, concept
to isolate and analyze. (중략)

해설

공간은 모든 사고방식의 본질적인 FRAME WORK (구성, 조직)이다. 시간과 함께 공간은
물리학에서부터 미학까지 또 신화나 마술로부터 일상생활에 이르기까지 사고의 모든 면을
모아서 연결하는 기본적인 질서체계를 제공하고 있다.

예를 들면 평소에 〈모든 물건(것)에는 그 장소가 있다〉든가 〈어느 것(무엇)을 말하고 있는
지, 저기의 저것이 아니고 이쪽의 이것 입니까?〉하는 따위.

이렇게 말할 때 우리는 항상 공간의 기능을 깨닫는다. 〈여기〉〈저기〉〈장소〉라고 말하는
법은 세상을 인식하는 것 이상으로 공간적인 구성의 부분에 접해있다. 결국은 사물은 시간
과 공간의 관계 속에서 생기고 존재하고 있는 것이다. 애초부터 이것들의 말의 정의 자체
가 긴밀히 서로 연결되어 있었다.

〈모든 일(物事)〉은 사건, 사실로 정의된다. 〈생기다(발생하다)〉라는 것은 우연히 혹은 의
도적으로 일어난다는 것이다. 또 〈존재 한다〉라는 것은 시간과 공간과의 관계 속에서 존
재한다는 것이다. 이렇게 공간과 사물(모든 것)이 혼동되고 공간과 사고의 모든 영역에 점
점 침입해 오기 때문에 그것을 분리하고 분석하는 것은 특히 중요하면서도 어려운 개념이
되고 있다.(후략)

T O E I C
수능 만점 단어
200

1 **contract**	☐☐☐☐☐	몡 계약, 계약서　 동 계약하다, 수축하다
2 **commodity**	☐☐☐☐☐	몡 상품, 일용품
3 **defect**	☐☐☐☐☐	몡 결점, 단점
4 **deposit**	☐☐☐☐☐	몡 예금, 보증금　 동 맡기다, 예금하다
5 **exhaust**	☐☐☐☐☐	동 다 써버리다, 고갈시키다
6 **exhibition**	☐☐☐☐☐	몡 전시, 전람회
7 **postpone**	☐☐☐☐☐	동 늦추다, 연기하다
8 **accumulate**	☐☐☐☐☐	동 모으다, 축적하다
9 **contempt**	☐☐☐☐☐	몡 경멸, 모욕
10 **dispose**	☐☐☐☐☐	동 배치하다, 처리하다
11 **estate**	☐☐☐☐☐	몡 재산, 사유지
12 **grant**	☐☐☐☐☐	동 주다, 수여하다, 허락하다
13 **magnificent**	☐☐☐☐☐	혱 장엄한, 숭고한
14 **manifest**	☐☐☐☐☐	혱 명백한, 분명한　 동 명시하다
15 **mature**	☐☐☐☐☐	혱 성숙한, 신중한
16 **perspective**	☐☐☐☐☐	몡 원근법, 전망, 관점
17 **prescribe**	☐☐☐☐☐	동 처방하다, 규정하다
18 **strive**	☐☐☐☐☐	동 노력하다, 분투하다
19 **submit**	☐☐☐☐☐	동 복종하다, 제출하다
20 **temporary**	☐☐☐☐☐	혱 일시적인, 임시의
21 **testimony**	☐☐☐☐☐	몡 증언, 증거
22 **undergo**	☐☐☐☐☐	동 경험하다, 겪다, 견디다
23 **vicious**	☐☐☐☐☐	혱 나쁜, 사악한, 냉혹한
24 **appetite**	☐☐☐☐☐	몡 식욕, 욕구
25 **election**	☐☐☐☐☐	몡 선거, 투표

★몰랐던 단어에 체크해 주세요

몇회차 만에 25단어가 외어지는지
체크해 주세요

1회차	2회차	3회차	4회차	5회차
∕25	∕25	∕25	∕25	∕25

26 **excellent**	▢▢▢▢▢	형	우수한, 뛰어난
27 **exclusive**	▢▢▢▢▢	형	배타적인, 독점적인
28 **intense**	▢▢▢▢▢	형	강한, 격렬한
29 **lean**	▢▢▢▢▢	동	기대다, 의지하다 형 야윈, 마른
30 **rational**	▢▢▢▢▢	형	이성의, 합리적인
31 **starve**	▢▢▢▢▢	동	굶주리다, 갈망하다
32 **striking**	▢▢▢▢▢	형	두드러진, 눈에 띄는
33 **withdraw**	▢▢▢▢▢	동	물러나다, 철수하다, 인출하다
34 **abundant**	▢▢▢▢▢	형	풍부한, 풍족한
35 **access**	▢▢▢▢▢	명	접근, 통로
36 **accommodate**	▢▢▢▢▢	동	숙박시키다, 편의를 제공하다
37 **alert**	▢▢▢▢▢	형	방심하지 않는, 기민한 명 경계태세
38 **arithmetic**	▢▢▢▢▢	명	산수, 계산
39 **associate**	▢▢▢▢▢	동	연상하다, 교제하다 명 동료
40 **astronomy**	▢▢▢▢▢	명	천문학
41 **bare**	▢▢▢▢▢	형	벗은, 텅 빈, 겨우 ~한
42 **breast**	▢▢▢▢▢	명	가슴, 젖가슴
43 **celebrate**	▢▢▢▢▢	동	축하하다, 식을 거행하다
44 **channel**	▢▢▢▢▢	명	해협, 수로, 경로, 채널
45 **cheat**	▢▢▢▢▢	동	속이다, 부정행위를 하다
46 **dispense**	▢▢▢▢▢	동	분배하다, 시행하다
47 **divorce**	▢▢▢▢▢	명	이혼 동 이혼하다
48 **fasten**	▢▢▢▢▢	동	동여매다, 고정시키다
49 **financial**	▢▢▢▢▢	형	재정상의, 금융의
50 **flesh**	▢▢▢▢▢	명	살, 고기, 육체

★몰랐던 단어에 체크해 주세요

1회차	2회차	3회차	4회차	5회차
/25	/25	/25	/25	/25

51 **genius**	☐☐☐☐☐	명 천재, 귀재
52 **gratitude**	☐☐☐☐☐	명 감사, 사의
53 **grocery**	☐☐☐☐☐	명 식료품 상점
54 **hostile**	☐☐☐☐☐	형 적(敵)의, 적개심을 품고 있는
55 **indispensable**	☐☐☐☐☐	형 없어서는 안 되는, 필요 불가결한
56 **invisible**	☐☐☐☐☐	형 눈에 보이지 않는, 나타나지 않은
57 **loan**	☐☐☐☐☐	명 대출, 대부
58 **manual**	☐☐☐☐☐	명 안내서 형 손의, 수동의
59 **partial**	☐☐☐☐☐	형 부분적인, 일부분의, 불공평한
60 **penetrate**	☐☐☐☐☐	동 관통하다, 침투하다
61 **prompt**	☐☐☐☐☐	형 신속한, 즉석의 동 부추기다, 격려하다
62 **reform**	☐☐☐☐☐	동 개혁하다, 개선하다 명 개혁
63 **staff**	☐☐☐☐☐	명 직원, 참모
64 **swell**	☐☐☐☐☐	동 부풀다, 증가하다
65 **thermometer**	☐☐☐☐☐	명 온도계
66 **vanish**	☐☐☐☐☐	동 사라지다, 없어지다
67 **apparatus**	☐☐☐☐☐	명 기구, 기계, 기관
68 **assemble**	☐☐☐☐☐	동 모으다, 조립하다
69 **caution**	☐☐☐☐☐	명 조심, 경고, 주의
70 **collapse**	☐☐☐☐☐	동 무너지다, 실패하다 명 붕괴
71 **compensate**	☐☐☐☐☐	동 보상하다, 배상하다, 보완하다
72 **competent**	☐☐☐☐☐	형 유능한, 충분한
73 **compliment**	☐☐☐☐☐	명 칭찬, 찬사 동 경의를 표하다
74 **concede**	☐☐☐☐☐	동 양보하다, 인정하다
75 **conserve**	☐☐☐☐☐	동 보호하다, 보존하다

★몰랐던 단어에 체크해 주세요

몇회차 만에 25단어가 외어지는지
체크해 주세요

1회차	2회차	3회차	4회차	5회차
/25	/25	/25	/25	/25

76	**consistent**	☐☐☐☐☐	혱 일관된, 모순이 없는
77	**contradict**	☐☐☐☐☐	동 부인하다, 반박하다, 모순되다
78	**correspond**	☐☐☐☐☐	동 일치하다, 부합하다, 교신하다
79	**deceive**	☐☐☐☐☐	동 속이다, 기만하다
80	**discriminate**	☐☐☐☐☐	동 구별하다, 차별하다
81	**dispute**	☐☐☐☐☐	동 논쟁하다, 토의하다 명 논쟁, 분쟁
82	**dissolve**	☐☐☐☐☐	동 녹이다, 해산하다
83	**eminent**	☐☐☐☐☐	혱 저명한, 탁월한
84	**extract**	☐☐☐☐☐	동 뽑다, 발췌하다, 추출하다 명 추출물, 엑스
85	**fluid**	☐☐☐☐☐	명 유동체 혱 유동성의, 유동적인
86	**forbid**	☐☐☐☐☐	동 금지하다, 허용하지 않다
87	**indulge**	☐☐☐☐☐	동 빠지다, 탐닉하다
88	**inferior**	☐☐☐☐☐	혱 열등한, 하위의
89	**inspect**	☐☐☐☐☐	동 검사하다, 시찰하다
90	**mingle**	☐☐☐☐☐	동 섞다, 혼합하다
91	**multitude**	☐☐☐☐☐	명 다수, 군중, 수많음
92	**opponent**	☐☐☐☐☐	명 적수, 상대자
93	**outstanding**	☐☐☐☐☐	혱 눈에 띄는, 현저한, 미해결의, 미지불의
94	**overwhelm**	☐☐☐☐☐	동 압도하다, 제압하다
95	**peril**	☐☐☐☐☐	명 위험, 위기
96	**phase**	☐☐☐☐☐	명 단계, 국면, 양상
97	**precede**	☐☐☐☐☐	동 앞서다, 우선하다
98	**predecessor**	☐☐☐☐☐	명 전임자, 전신
99	**procedure**	☐☐☐☐☐	명 진행, 경과, 절차
100	**prohibit**	☐☐☐☐☐	동 금지하다

★몰랐던 단어에 체크해 주세요

1회차	2회차	3회차	4회차	5회차
/25	/25	/25	/25	/25

101 **prolong**	☐☐☐☐☐	동 늘이다, 연장하다		
102 **punctual**	☐☐☐☐☐	형 시간을 잘 지키는, 늦지 않는		
103 **qualify**	☐☐☐☐☐	동 자격을 주다, 자격자가 되다		
104 **recollect**	☐☐☐☐☐	동 기억하다, 회상하다		
105 **refrain**	☐☐☐☐☐	동 삼가다, 참다, 억제하다		
106 **regulate**	☐☐☐☐☐	동 규제하다, 조정하다		
107 **reluctant**	☐☐☐☐☐	형 마음 내키지 않는, 마지 못해 하는		
108 **reproach**	☐☐☐☐☐	동 비난하다, 꾸짖다 명 비난		
109 **restrain**	☐☐☐☐☐	동 억제하다, 못하게 하다		
110 **retreat**	☐☐☐☐☐	동 물러나다, 퇴각하다 명 퇴각, 은둔, 피난처		
111 **revise**	☐☐☐☐☐	동 개정하다, 수정하다		
112 **rigid**	☐☐☐☐☐	형 단단한, 엄격한		
113 **rumor**	☐☐☐☐☐	명 소문, 풍문 동 소문내다		
114 **simultaneous**	☐☐☐☐☐	형 동시의, 동시에 일어나는		
115 **speculate**	☐☐☐☐☐	동 사색하다, 투기하다		
116 **subscribe**	☐☐☐☐☐	동 기부하다, 서명하다, 정기구독하다		
117 **surrender**	☐☐☐☐☐	동 넘겨주다, 항복하다 명 양도, 포기, 항복		
118 **transfer**	☐☐☐☐☐	동 이동하다, 갈아타다 명 이전, 양도		
119 **transmit**	☐☐☐☐☐	동 보내다, 전하다		
120 **vacuum**	☐☐☐☐☐	명 진공, 공백		
121 **violate**	☐☐☐☐☐	동 위반하다, 침해하다		
122 **withhold**	☐☐☐☐☐	동 보류하다, 억누르다		
123 **yield**	☐☐☐☐☐	동 산출하다, 양보하다, 내주다		
124 **affiliate**	☐☐☐☐☐	동 합병하다, 제휴하다 명 자회사		
125 **author**	☐☐☐☐☐	명 저자, 작가		

★몰랐던 단어에 체크해 주세요

몇회차 만에 25단어가 외어지는지
체크해 주세요

1회차	2회차	3회차	4회차	5회차
/25	/25	/25	/25	/25

126	**ban**	⬜⬜⬜⬜⬜	图 금지하다 图 금지
127	**bond**	⬜⬜⬜⬜⬜	图 약정, 채권
128	**certify**	⬜⬜⬜⬜⬜	图 증명하다, 보증하다
129	**consent**	⬜⬜⬜⬜⬜	图 동의하다, 찬성하다 图 동의, 승낙
130	**conviction**	⬜⬜⬜⬜⬜	图 신념, 확신, 유죄판결
131	**cope**	⬜⬜⬜⬜⬜	图 대항하다, 대처하다, 극복하다
132	**dense**	⬜⬜⬜⬜⬜	图 빽빽한, 밀집한, 짙은
133	**discharge**	⬜⬜⬜⬜⬜	图 해방하다, 해고하다, 짐을 내리다 图 해방, 해고
134	**disclose**	⬜⬜⬜⬜⬜	图 드러내다, 폭로하다
135	**disorder**	⬜⬜⬜⬜⬜	图 무질서, 혼란, 장애
136	**diversity**	⬜⬜⬜⬜⬜	图 다름, 상이, 다양성
137	**durable**	⬜⬜⬜⬜⬜	图 영속성 있는, 오래 견디는 图 내구재
138	**eliminate**	⬜⬜⬜⬜⬜	图 없애다, 제거하다
139	**enclose**	⬜⬜⬜⬜⬜	图 둘러싸다, 봉투에 넣다
140	**endow**	⬜⬜⬜⬜⬜	图 기금을 기부하다, 부여하다
141	**esteem**	⬜⬜⬜⬜⬜	图 존경하다, 평가하다
142	**ethics**	⬜⬜⬜⬜⬜	图 윤리학, 도덕
143	**explosion**	⬜⬜⬜⬜⬜	图 폭발, 급증
144	**extinguish**	⬜⬜⬜⬜⬜	图 (불을) 끄다, 진화하다
145	**found**	⬜⬜⬜⬜⬜	图 설립하다, 창립하다
146	**fragile**	⬜⬜⬜⬜⬜	图 깨지기 쉬운, 허약한
147	**friction**	⬜⬜⬜⬜⬜	图 마찰, 알력
148	**gross**	⬜⬜⬜⬜⬜	图 전체의, 대충의, 거친 图 총계
149	**hazard**	⬜⬜⬜⬜⬜	图 위험, 장해물
150	**heir**	⬜⬜⬜⬜⬜	图 상속인, 후계자

★몰랐던 단어에 체크해 주세요

1회차	2회차	3회차	4회차	5회차
/25	/25	/25	/25	/25

151	**heritage**	☐☐☐☐☐	명 유산, 전통
152	**hinder**	☐☐☐☐☐	동 방해하다, 가로막다
153	**humid**	☐☐☐☐☐	형 습기찬, 눅눅한
154	**install**	☐☐☐☐☐	동 설치하다, 임명하다
155	**invalid**	☐☐☐☐☐	형 병약한, 실효성 없는 명 병약자
156	**laboratory**	☐☐☐☐☐	명 실험실, 연구실
157	**layer**	☐☐☐☐☐	명 층, 겹, 켜 동 층으로 만들다
158	**manuscript**	☐☐☐☐☐	명 원고, 필사본
159	**margin**	☐☐☐☐☐	명 여백, 변두리, 이문
160	**mock**	☐☐☐☐☐	형 가짜의, 모조의 동 흉내내다, 조롱하다
161	**multiply**	☐☐☐☐☐	동 증가시키다, 곱하다
162	**net**	☐☐☐☐☐	형 정량의, 순(純) 명 정량, 정가, 그물, 망
163	**nutrition**	☐☐☐☐☐	명 영양섭취, 영양물, 영양학
164	**passive**	☐☐☐☐☐	형 수동적인, 소극적인 명 수동태
165	**patent**	☐☐☐☐☐	명 특허, 특허권 형 특허의, 특허권을 가진
166	**periodical**	☐☐☐☐☐	명 정기간행물, 잡지 형 정기 간행의
167	**perpetual**	☐☐☐☐☐	형 영구적인, 끊임없는
168	**perplex**	☐☐☐☐☐	동 난처하게 하다, 당황케 하다
169	**plague**	☐☐☐☐☐	명 역병, 전염병, 천벌 동 괴롭히다
170	**precaution**	☐☐☐☐☐	명 주의, 조심, 예방대책
171	**prior**	☐☐☐☐☐	형 이전의, 앞의, 우선적인
172	**quit**	☐☐☐☐☐	동 그만두다, 중지하다, 사직하다
173	**relevant**	☐☐☐☐☐	형 관련된, 적절한
174	**remedy**	☐☐☐☐☐	명 치료, 해결책 동 치료하다
175	**revenue**	☐☐☐☐☐	명 세입, 수입

★몰랐던 단어에 체크해 주세요

	1회차	2회차	3회차	4회차	5회차
몇회차 만에 25단어가 외어지는지 체크해 주세요	/25	/25	/25	/25	/25

176 **saving**	☐☐☐☐☐	명 절약, 저금　형 구해주는, 절약하는
177 **specimen**	☐☐☐☐☐	명 견본, 표본
178 **spontaneous**	☐☐☐☐☐	형 자발적인, 자연발생적인
179 **statistics**	☐☐☐☐☐	명 통계, 통계학
180 **supplement**	☐☐☐☐☐	명 보충, 부록　동 보충하다
181 **suspend**	☐☐☐☐☐	동 매달다, 일시 중단하다, 연기하다
182 **symptom**	☐☐☐☐☐	명 징후, 증상
183 **token**	☐☐☐☐☐	명 표, 상징, 기념품　형 표시가 되는
184 **transaction**	☐☐☐☐☐	명 거래, 매매, 처리
185 **urgent**	☐☐☐☐☐	형 긴급한, 다급한
186 **virtual**	☐☐☐☐☐	형 사실상의, 실질상의, 가상의
187 **voluntary**	☐☐☐☐☐	형 자발적인, 임의의
188 **warrant**	☐☐☐☐☐	명 영장, 보증, 정당한 이유　동 보증하다
189 **accuse**	☐☐☐☐☐	동 고소하다, 비난하다
190 **agreement**	☐☐☐☐☐	명 합의, 협정, 일치
191 **constitution**	☐☐☐☐☐	명 헌법, 구성, 체질
192 **identification**	☐☐☐☐☐	명 동일하다는 확인, 신분증명
193 **behavior**	☐☐☐☐☐	명 행실, 행동, 행태
194 **coordinate**	☐☐☐☐☐	동 조정하다, 조화시키다　형 동등한, 대등한
195 **freight**	☐☐☐☐☐	명 화물 운송, 화물, 운송료
196 **gain**	☐☐☐☐☐	명 이익, 소득　동 얻다, 벌다
197 **parcel**	☐☐☐☐☐	명 소포, 소하물, 꾸러미
198 **tolerance**	☐☐☐☐☐	명 관용, 아량, 인내
199 **aesthetic**	☐☐☐☐☐	형 미학의, 미적 감각이 있는
200 **surgery**	☐☐☐☐☐	명 외과, 외과수술

★몰랐던 단어에 체크해 주세요

1회차	2회차	3회차	4회차	5회차
/25	/25	/25	/25	/25

본문 1200단어 + TOEIC 필수단어 종합색인입니다.
본문은 검은색, TOEIC필수단어는 색으로 나타내고 있습니다.
최종 확인에 활용하여 주십시오. 또 본문의 1200 단어에 나
오는 숫자는 part A 페이지 입니다.

12일이면 외울 수 있는
속습영단어 1200

1판 1쇄 인쇄 | 2016년 02월 29일
1판 1쇄 발행 | 2016년 03월 05일

지은이 | 요이치 하라야마
옮긴이 | 정휘식
펴낸이 | 윤옥임
펴낸곳 | 브라운힐

등 록 | 제 10-2428호
주 소 | 서울시 마포구 신수동 219번지
대표전화 (02)713-6523, 팩스 (02)3272-9702

© 2016 by Brown Hill Publishing Co. 2016, Printed in Korea

ISBN 978-89-90324-94-8 43740
값 12,000원